LOVE
黒沢明

Christoph Grissemann
Rocko Schamoni
Ich will nicht schuld sein an deinem Niedergang

Christoph Grissemann
Rocko Schamoni

Ich will nicht schuld sein an deinem Niedergang

Ein moderner Briefwechsel

Herausgegeben von Thomas Edlinger

PIPER
München Berlin Zürich

Mehr über unsere Autoren und Bücher:
www.piper.de

Von Rocko Schamoni liegen im Piper Verlag vor:
Tag der geschlossenen Tür
Fünf Löcher im Himmel
Ich will nicht schuld sein an deinem Niedergang

FSC
www.fsc.org
MIX
Papier aus verantwortungsvollen Quellen
FSC® C083411

ISBN 978-3-492-05777-6

Gesetzt aus der Minion Pro
Satz: Kösel Media GmbH, Krugzell
Druck und Bindung: CPI books GmbH
Printed in Germany

GELEITWORT

Erstens: Wer das liest, stirbt. Wie alle anderen. Zweitens: Der Untertitel lügt. Wie die beiden berühmten »Autoren«. Glauben Sie mir, denn ich kenne die beiden schon eine Zeit.

Darf ich Ihnen die beiden SMS-Duellanten vorstellen? Zu meiner Linken im Hamburger Eck: ein Schmuckpunk außer Dienst. Im rechten Wiener Eck: ein Werbebüttel im Dienst. Gemeinsam haben mich beide gezwungen, hier den Geleitwolf zu machen. Ich mache es nicht, weil ich es gern mache, aber die beiden und das Honorar gern habe.

Seit der Gymnasialzeit ist mein ältester Freund Grissemann gesegnet mit der Gabe, fehlerlos zu artikulieren und mit dem Motto »Kunst kommt vor Können« angemessen würdelos durch's Leben zu kommen. So hat er es zu Österreichs witzigstem Taugenichts und zum weltberühmtesten Piefkedemütiger gebracht. Der Piefke heißt Stermann, lebt schon lange in Wien, plündert gemeinsam mit Grissemann sämtliche deutschsprachigen Backstagebuffets, erträgt stoisch die ewigen Sticheleien Grissemanns in der Late-Night-Patchworkfamiliensendung »Willkommen Österreich« und kann ansonsten nichts dafür. In seiner großzügig bemessenen Tagesfreizeit quält mich der gebürtige Tiroler Grissemann, dessen rücksichtsloses SMS-Junkietum dem Gesetz »Überall ist es interessanter, wo ich nicht bin« gehorcht und somit jedes Zusammensein in ein gemeinsames Alleinsein verwandeln kann, mit Einschätzungsfragen über die Motivationsfähigkeiten von Fußballdrittligacoaches. Beziehungsweise seinem verhaltensauffälligen Faible für extremistisches Verhalten von prominenten Selbstmördern, Kannibalen oder Alkoholikern. All das übrigens auch am liebsten per SMS. Wenn wir beide uns zum Alkoholmissbrauch treffen, schreibt Grissemann praktisch ununterbrochen SMSe. Wahrscheinlich an Schamoni. Ansonsten bestellt er »weiße G'spritzte«.

Den Hamburger Schamoni kenne ich als Wiener natürlich nicht so gut, aber doch auch ein bisschen. Auch er bestellt gern in Wien statt einer Schorle noch zwei G'spritzte. Ich denke, es ist nicht vermessen zu behaupten, dass er in gewöhnlich gut unterhaltenen Kreisen als salonkommunistischer Charmebolzen in allen Gassen gilt. Wer wie Schamoni alles wird, wird auch noch Wirt (»letzte Runde!«): zum Beispiel Mitbegründer des »Pudel Club« in Hamburg. Ansonsten: Musiker zwischen Postfunpunk, Motown und großer Showbühne, Erzähler der verlorenen Zeit (»Dorfpunk«) oder im Verbund mit Heinz Strunk und Jacques Palminger in der Meta-Ulktruppe »Studio Braun« zwischen Theater, Film und Bescheuertheits-Reenactment (»Fraktus«).

Und jetzt also das: In diesem Buch droht das angesammelte SMS-Gewitter von Grissemann und Schamoni, selbstverständlich ohne Aussicht auf reinigende Kraft. Lassen Sie mich daher noch ein paar verknappte Sätze zur Einstimmung darauf verlieren. Zunächst gilt: Ein SMS-Gewitter ist kein moderner Briefwechsel, sondern eine Zumutung 2.0. Die Kritik hat so etwas schon als das Fegefeuer der Nichtigkeiten bezeichnet. Oder als Grund für die Suche nach der verlorenen Zeit. Short Messages machen keinen schlanken Finger und obendrein süchtig. Tipptremor. Tastenrausch. Eine geht noch. Auf Sleep-Modus schalten kann ich, wenn ich tot bin. Aaaber, bevor nun die Abstinenz-Apostel und Federkiel-Freaks Morgenluft wittern: SMS-Schreiben ist eine Krankheit, kein Verbrechen! Niemand sollte für das Schreiben von länglichen Kurznachrichten ohne Nachrichtenwert ins Gefängnis geworfen werden. Auch Schamoni und *der notorische Wiederholungstäter* Grissemann nicht. Oder wenn doch, nicht für zu lang.

Und nein, man muss ihnen das Mobiltelefon nicht wegnehmen. Die beiden wollen nur spielen. Manchmal im Minutentakt, dann wieder Sendepause für ein paar Tage, schließlich will man auch einmal unter sich sein. Dann wieder Schuss und Gegenschuss. Dabei helfen ein guter Mobiltelefonvertrag und ein arbeitsscheues Leben mit gebührender Verachtung realer Anwesender beim Handyjunken. Die für die Datenübertragung essentiellen Nullen und Einsen sind das einzig Moderne an dieser Form der wechselseitigen Schmäh- und Stichelrede. Und noch was ist neu: Das Gewese straft die kommunikationstheoretische Formel »Man kann nicht nicht kommunizieren« Lügen. Man *kann* nicht kommunizieren. Es klappt.

Zielvorgabe: Wenn Worte töten könnten. Sätze gegen die Ewigkeit. Egoshooter im Duell der Worte, Ritterspiele mit offenem Visier und Hosenstall. Urschlammcatcher, verkeilt in das Maul des Gegners. Beißhemmung: leider im Entzivilisierungsprozess verloren. Gesagt wird alles, was zu Fall bringt. Wichtigste Regel: bitte keine Welthaltigkeit, Autismus rules. Die Invertierung des Karnevals als Programm: Wenn sich alle Nervsäcke als Narren verkleiden, dann verkleiden wir Narren uns als Nervsäcke. Souverän ist, wer über den Ausnahmezustand entscheidet, heißt es. Der Feind ist unsere eigene Frage als Gestalt, heißt es auch noch. Beide Einsichten in das Wesen des letzten Menschen haben sich zwei der wirklich allerletzten Menschen wahrlich zu Herzen genommen.

Schamoni und Grissemann fächeln einander also höchstgradig privatistische Shitstorms zu und markieren ihre paradiskursiven Territorien mit Duftwolken größtenteils niedriger Gesinnung. Es stinkt auf jeder Seite. Als rechtschaffener Leser würden Sie nicht erst ab Seite zwei gern Böses posten und sich Luft machen. Können diese beiden *Warheads* (bezeichnenderweise der Name einer zu Recht vergessenen Fun-ist-ein-Stahlbad-Punkband Schamonis) nicht mal die Fresse halten? Dann wäre nämlich das Lesen leichter.

Ganz selten blitzen humanitäre Anflüge, Herzensbildung und rudimentäre Gedankenfragmente auf. Sie verdichten sich naturgemäß weder zu Höherem noch zu Schlüssigem. Dennoch zeigen sich unter der Lupe einer psychologisch informierten Literaturkritik drei Brennpunkte auf der Themenspindel. Ich nenne sie die großen G's: Geld, Gewalt und gute Laune.

Die Rollenverteilung ist wie in jedem gutem Sado-Sado-Spiel klar. Schamoni ist um neun Tage älter und schon länger erfolgsbefreiter. Er hat mehr Grund zum Hass. Er deckt Grissemann mit rohen Gewaltfantasien ein. Sehr gern gesellen sich dazu auch analfixierte Infantilismen, stumpfe Balla-Ballo-Lutscho-Letscho-Reime in herzerfrischender Nahtoddebilität, primitivistische Vorwürfe und neogrobianistische Folterfieberträume, vorzugsweise angesiedelt im reizsensiblen Grimm- und Mastdarmbereich. Es ist brutal, viechisch und testosterongesteuert. Es gibt kein Safeword.

Grissemann wiederum straft durch Ignoranz, abrupte Themenwechsel und die situationselastische Arschlochhaftigkeit eines seelisch verwahrlosten und emotional vergletscherten Provinzwerbestars, dessen *Fame* sich durch die lebensnahe

Darstellung eines Tiroler Bergziegenbocks erklärt. Grissemanns Method-Acting-Abkürzung in Form unsäglichen Gebrülls im *Werbefrondienst* eines Billighandyanbieters (sic!) hat sich so in die wehrlosen Gehirne des Publikums eingebrannt. Sonst kann und will dieser Knecht des Kapitals, wie ihn Schamoni mit gebotenem Ekel nennt, nichts. Außer abliegen, tippkoksen und Ausflüge zum Spielautomatenstreichelzoo machen. Angeblicher Vorteil dort: Man bleibt von frischer Luft und warmem Bier verschont. Am allerliebsten aber sind Grissemann Einschätzungsfragen, zum Beispiel zur Auslotung frühkindlicher Aggressionstoleranz im Zuge gewaltsamer Biereinflößung bei Einjährigen. Dazu stellt er, der im Hauptjob auf ein langes, erfolgreiches Leben als Lieblingsschuldner diverser Institutionen zurückblicken kann, harte, aber herzlose Forderungen. Er fordert Geld statt Liebe. Bar, viel und sofort. Mehr ist mehr. Immer. Seit René Pollesch wissen wir, dass das depressiv-größenwahnsinnige Subjekt der Gegenwart immer nur der Liebe nachjagen, aber nicht das Geld lieben darf. Warum eigentlich, fragt Grissemann gewohnt schonungslos und legt den Tippfinger in die schwärende Wunde: Gib mir 290 000 Euro! Warum nicht!

Mit seinem Geldkomplex befindet sich Grissemann in bester Gesellschaft. Auch Oligarchen messen ihre Penislänge in Yachten. Hätten alle Menschen genügend Geld, müssten sie sich nicht wegen diverser Ersatzkomplexe behandeln lassen oder könnten sich die Casting-Shows kaufen, die sie depressiv machen. Mit Geld ließe sich alles heilen. Stimmt schon, Herr Freud, und der Rest ist für Sie!

Grissemann hat das offenbar instinktiv verstanden. Ich weiß das, denn er schuldet auch mir seit langem sehr viel Geld. Trotzdem oder gerade deshalb will er immer mehr Geld von mir. Unlogisch, aber egal. So hält Grissemann seinen

Geldkomplex gut im Futter. Man kann das auch daran erkennen, dass der Jäger des verlorenen Spielkapitals mit ermüdender Persistenz im SMS-Verkehr mit Schamoni davon erzählt, dass er sich gern in einen Keller begibt, um dort nach kommerziell Verwertbaren zu fischen.

Obacht, geneigte Leserschaft! Der Keller ist bloß ausgedacht. Grissemann hat keinen Keller, er fürchtet sich vor Tieren, Dunkelheit und dem Stiegensteigen (Schwitzgefahr!). Der ausgedachte Grissemann-Keller aber ist riesengroß, er ist ein Untergrundmarkt für Objektophile. In diesem Deep Net der Begierden finden sich Servietten, Standuhren, Fußketten, Goldkrönchen, bulgarische Frauenkopftücher, Diskonter-Licht und entzückende Drahtverhaue zum Abverkauf. Keine Ahnung, warum Grissemann Schamoni Drahtverhaue anbietet. Zum Verhauen taugen sie nicht. Was also soll der *depressionsanfällige* Gewaltmensch Schamoni damit?

Aber gut. Keller. Österreich. Freud. Na, klingelt's? Der Keller ist das Unbewusste. Ort der Zerknirschung. Es ist Fritzl-Land und Kampusch-Country. Das Verdrängte kehrt als Verblödetes wieder. Immer und immer wieder. Deleuze/Guattari schreiben in ihrem »Anti-Ödipus«: »Es atmet, wärmt, ißt. Es scheißt, es fickt. Das Es.« Besser kann man das von jeder Vati-Mutti-Fixierung befreite Grissemann'sche Unbewusste nicht beschreiben. Er sucht ständig nach dem Tauschwert und scheut den Gebrauchswert. Wie viel? Zaster? Moneten? Euronen?

Schamoni ist da aus ganz anderem, feinerem Holz geschnitzt. Schamoni liebt Österreicher-Verarschen. Ich weiß das, denn er imitiert gern vor Zeugen die Urlaute der Bergvölker zwischen Bayern und Wien, die er selbstverständlich nicht wirklich unterscheiden kann. Ansonsten steht er auf Soulmusik und die Transzendenz in der leichten Muse. Nichts davon merkt man in seiner Korrespondenz mit Grissemann. Es ist, als ob ihm der Kontakt mit dem »Trenki«-Werbestar jede Zartheit, jede Subtilität ausgetrieben hätte. Das ist evident. Auf die Verhärtung zu einem soldatischen Körperpanzer ist Schamoni offenbar auch noch stolz. So weit ist es mit ihm gekommen. Als Teutone *with attitude* fühlt sich Schamoni zudem Grissemann deshalb überlegen, weil er glaubt, Deutsch zu können. Die Texte zeigen es deutlich: Er kann es nicht.

Schamoni ist Dorfpunksnob. Er weint gern im Taxi. In seinem früheren Leben hat er gern Telefonstreiche gespielt. Damals war er schon volljährig. Tipp aus der Juristenbranche: Telefonstreiche verjähren nicht! Sie können also auch jetzt noch eine Anzeige einbringen. Schamoni ist ein schwarz melierter Kampfschwan, ein Galan mit Hackschnabel. Er hat Stil, aber kein Geld. Überall ist es reicher, wo wir nicht sind. Daher stellt er seine finanziellen Forderungen nicht an den Geldkomplexler Grissemann, sondern gleich an den Verlag. Vorschuss, pronto! Als Eremit der Eurozone, wie Grissemann ihn in seiner neurotischen, pekunomanischen Fixierung gern nennt, muss er das so machen, sagt er.

Sie haben es schon längst gemerkt: Das Ausmaß an moralischer Verkommenheit ist hoch, und es paart sich mit der erwiesenen ästhetischen Überkommenheit der Mittel. In der Mischung ergibt das einen Text, den man vermissen *darf, aber nicht soll.*

Es geht um Zermürbung.

Ach ja, meine zwei Highlights aus dem Buch möchte ich Ihnen nicht vorenthalten. An ihnen wurde angeblich sogar gefeilt. Die beiden Topzitate lauten: »Ein neugieriger, intelligenter Mensch. Das bin ich« von Grissemann. Und von Schamoni: »Hallo!«.

Mehr müssen Sie weder wissen, noch vergessen.

EDITORISCHE NOTIZ

Der hier abgedruckte SMS-Wechsel entspricht der chronologischen Reihenfolge seiner Entstehung. Brüche, Unverständlichkeiten oder Widersprüche werden, soweit dies möglich oder nötig ist, in Fußnoten vom Herausgeber kommentiert.

Grissemann
13.01.2012 20:02:54

Es war so schee mit euch. I heul

Schamoni
14.01.2012 16:16:46

Ja – und bald öfter! I gfrei mi auf
Wien im Februar.
Dein Schmutzli

Grissemann
03.03.2012 20:37:52

Servus. Gleich seh ma uns. I bin
nervous. Du a?

Schamoni
03.03.2012 20:40:10

Ja, wie wird es werden, streiten wir
uns, wird es langweilig? Wenn wir das
nur wüssten!

Schamoni
03.03.2012 23:58:43

Hallo?

Schamoni
04.03.2012 01:16:48

Mei, is mir langweilig. Is das alles langweilig …

Schamoni
07.03.2012 16:49:38

Wie gesagt: Mir ist langweilig! Na ja, scheint ja egal zu sein …

Schamoni
07.03.2012 18:34:45

Einpenn. Schnarch. Alt werd …

Grissemann
07.03.2012 18:35:54

Habe eine Frau im Fernsehen geohrfeigt. Ist das ok?

Schamoni
07.03.2012 18:37:32

Na klar, du Lieber, ich möcht's bloß wissen, weil sonst ist mir fad.

Schamoni
07.03.2012 18:39:30

Hat's ordentlich gscheppert, gell?

Grissemann
07.03.2012 18:40:30

Geh du Maus, du liebe, das nächste mal schlog i di. OK?

Schamoni
10.03.2012 18:21:00

A geh, du Oarsch, du schlogst mi ned, bist deppert in deinem Wiener Käsehirn, oda wos?

Grissemann
10.03.2012 21:25:40

Mir is schlecht. Dir a?

Schamoni
01.04.2012 11:45:11

Ich wollte dir nur mitteilen, dass ich regelmäßigen Stuhlgang habe. Dabei muss ich immer an dich denken. Ist das nicht schön? Dein Freund

Grissemann
07.05.2012 08:43:15

Spiele Becketts Endspiel am Theater. Rolle: Hamm. Wie soll ich's anlegen? Erbitte schnelle Antwort, Freitag ist Prömjere. Deine Hur

Schamoni
07.05.2012 10:10:31

Der Spielraum ist Becketts Innenschädel, du bist der Hammer, aber du bist zu schwach, um die drei anderen Nägel durch den Knochen zu treiben, also vermodert ihr dort drinnen. Geruchstheater. Passt das?

Grissemann
07.05.2012 10:12:49

Perfekt. So mach ichs. Danke Rocko Gründgens!

Grissemann
07.05.2012 10:17:59

Noch was, Tobias, ich spiel auch den Jongleur in Bernhards Macht der Gewohnheit. Ein willfähriger Idiot, ein dummer Diener Caribaldis. Wie soll ich den anlegen? Hans Moseresk? Oder eher Schamonioid?

Schamoni
07.05.2012 23:20:44

Geh, bist jetzt irre? Lass das bitte! Du irrer Pinguin, merkst überhaupt noch was?

Grissemann
08.05.2012 18:04:04

Alles gute und Grüße an die Familie.
Dein Niedriger

Grissemann
18.05.2012 18:39:37

Du, äh, ich spiele auch Richmond in Shakespeares Richard. Wie soll ich den jetzt wieder anlegen? Wie würde es Tschack Palminger[1] machen?

1 Tschack heißt eigentlich Jacques, wenn Jacques Palminger nicht eigentlich Heinrich Ebber heißen würde.

Grissemann
20.05.2012 13:02:47

Ich verstehs nicht. Dein Schweigen macht die Sache doch um nichts besser

Schamoni
20.05.2012 13:21:02

Das ist alles nix für dich! Mein Vorschlag: C. Grissemann in »Bocka Lutscha – die Wiener Knallmamsell«! Wo die fette Sau auftaucht, gehen die Nutten am Krückstock! Und das alles mit deinem Filzseppelhut![2]

Grissemann
20.05.2012 13:22:42

Also das ist jetzt die Höhe. Warum machst du das? W a r u m? Du gemeiner Mensch

2 Schamoni spielt hier auf Grissemanns Verkörperung eines cholerischen Bergdeppen aus Tirol für einen deutschen Telefonanbieter an. Die Werbung mit dem schreienden »Trenki« wurde laut Grissemann vom überwiegenden Teil des getesteten Publikums extrem gehasst.

Schamoni
20.05.2012 13:28:43

Oh, Entschuldigung! Und wie wäre »Bockus Lutschus – der Knallseppel mit dem Affenschwanz«? Wo die dürre Sau auftaucht, vertrocknen die Pflaumen? Besser?

Grissemann
20.05.2012 13:32:21

Wie kann ein einzelner Mensch so voller Hass und Neid sein? Arbeite an dir. Versuch auch was aus deinem verkorksten Leben zu machen. Du wirst sehen, es geht. Ich hab es schließlich auch geschafft

Grissemann
20.05.2012 13:47:38

Und wenn du Geld brauchst, sags mir. Du sollst essen

Schamoni
21.05.2012 12:10:20

Ich brauch Geld. Bitte gibst du mir was? Lass Taten folgen, oder schweige für immer.

Grissemann
21.05.2012 12:13:21

Kann dir nur viel geben. Wenig hab ich nicht. Sag Summe

Schamoni
21.05.2012 12:16:01

Das ist doch nur wieder so eine böse Falle von dir, wo du in deiner Fernsehshow arme deutsche Künstler vorführen willst!

Grissemann
21.05.2012 12:16:56

Ja

Schamoni
21.05.2012 12:28:11

Nun, ich besitze selber bereits sehr viel, ich brauche keine Almosen und keine Witzeleien, ich brauche Geld. Kohle. Patte. Penunzen. Bares. Marie

Schamoni
21.05.2012 12:37:31

Wenn doch noch ein Fünkchen Ehre in dir steckt, dann schicke bitte zum Zeichen deines seriösen Anliegens eine wertvolle Uhr deiner Wahl an: R. Schamoni, Beckstraße 21, 20459 Hamburg, danach können wir über alles reden!

Schamoni
26.05.2012 11:06:40

???[3]

Schamoni
26.05.2012 11:17:00

Nix ist angekommen, keine Uhr, kein Schmuck, kein Entschuldigungstelegramm dafür.
Alles klar, das ist ja dann wohl eindeutig!
Sehr, sehr traurig: R

3 Grissemann reagiert aus unerfindlichen Gründen nicht. So was macht er öfter. Er straft durch Missachtung, aber quält durch Aufmerksamkeit.

Grissemann
30.05.2012 14:28:35

Hör mal zu, du Frechdachs, ich arbeite hier. Ich spiele hier zurzeit in Ibsens Nora. Gut angelegt übrigens, äh, deine Scheißuhren interessieren m i c h n i c h t!!!!!

Schamoni
31.05.2012 08:49:39

Eine bodenlose UNVERSCHÄMTHEIT! Wie konnte ich nur auf so ein dumpfes Subjekt hereinfallen? Schon bei dem Filzseppelhut hätte ich's bemerken müssen. Na ja, nun ist es ja überstanden ...[4]

Grissemann
31.05.2012 08:59:32

Bitte verzeih. Eine Breitling, vier Rolex und drei antiquarische Raymond Weil werden in dieser Sekunde verpackt und dann nach Hamburg auf die Reise geschickt. Es tut mir so leid

4 Schamoni bezieht sich hier auf die mehrfach von diversen Ethikräten beanstandete erwähnte Produktwerbung, für die Grissemann den Tiroler Nervsack mit »Geiz ist geil«-Mentalität gibt.

Schamoni
31.05.2012 10:06:34

Zu spät, das Tischtuch ist zerrissen, und der Vorhang ist gefallen! Adieu!

Grissemann
31.05.2012 14:56:22

Im Inneren dieser Uhren – du musst das Gehäuse behutsam aufschrauben – befindet sich ein weiteres Geschenk von mir. Es wird deinem kargen Leben neuen Sinn geben

Schamoni
31.05.2012 20:47:26

Grissemann
31.05.2012 21:21:07

?

Grissemann
01.06.2012 12:52:46

Du, ehrlich, das ist unfair. Eine leere sms verschickt man nicht. Das weißt du, gell? Also trau dich

Schamoni
03.06.2012 00:30:26

Ich kann's immer noch nicht glauben: nichts, kein Paket, kein Päckchen, keine Überweisung. Was bist du bloß für ein Mensch?

Grissemann
03.06.2012 00:41:53

Die Uhren hängen an der Grenze fest! Es gibt Probleme

Grissemann
03.06.2012 00:45:38

Wenn sie bei dir ankommen, versichere ich dir, wird es nie mehr Sorgen geben

Grissemann
07.06.2012 17:01:10

Hast du Heinz[5] eine SMS über mich geschickt? Lass ihn bitte aus dem Spiel. Er ist noch so unverdorben. Danke

5 Mit Heinz ist Heinz Strunk gemeint, ein erfolgreicher, charmanter, talentierter und eloquenter Unterhaltungsautor und Bühnenartist (Zitat: Heinz Strunk).

Schamoni
07.06.2012 17:04:39

Dann lass endlich Taten folgen! Sonst zerkratz ich deinem unverdorbenem Junker den Lack! Gib zu: Du hast kein Geld, es war alles nur hohler Schwindel!

Schamoni
10.06.2012 20:10:26

Womit misst ein normaler Mensch die Zeit? Und wieso kann ich das nicht? Wer trägt die Schuld daran?

Grissemann
10.06.2012 20:12:17

Leck mi am Oasch. In Rosenheim würdens di mit Uhren zuscheissa. Selber Schuld wennst net hinfoahrst. Nimmt sis hoit a Neger

Schamoni
10.06.2012 20:15:15

Hihi, lustig gelöst, deine Bredouille! Da muss man erst mal draufkommen. Du Schelm! Du bist einfach der kultige Seppelmann aus der Kult-Handywerbung! Hihi.

Grissemann
10.06.2012 20:33:44

Wenn du schreibst, muss immer jemand leiden: ich

Schamoni
10.06.2012 20:36:19

Das ist doch das Coole! Und jetzt stell dir vor, ich schriebe ein ganzes Buch über dich: Leid, Leid, Leid. Wundervoll …

Schamoni
10.06.2012 22:54:18

Geh bittschön: Host noch an lust'gen Seppelwitz? Mir ist fad.

Grissemann
10.06.2012 23:09:18

Bin ich deine persönliche Ulknudel? Nein, nein und nochmals nein!

Schamoni
10.06.2012 23:13:13

Scheiße. Jetzt bin ich traurig. Verfluchte Drecksscheiße. Eine tiefe Traurigkeit ist in mir. Dann wichs ich vielleicht einfach mal. Ich werd schon durchkommen.

Schamoni
11.06.2012 08:53:24

Los, weiter geht's – schmeiß an den Motor, Seppelmann, mach was Drolliges, mir is fad.

Grissemann
11.06.2012 08:57:39

Hab mit Rosenheim telefoniert. Ein indischer Neger namens Rooni hat angeblich 25 Kilo Breitling genommen und 10 Kilo Fußketten. Er nimmt heute 12.45 Flug nach Kalkutta. Franz Josef Strauß Flughafen. Fahr schnell hin! Los! Es gehört alles dir

Grissemann
13.06.2012 23:35:05

Äh, ganz kurz. Bist geil?

Schamoni
13.06.2012 23:36:45

Schnauze, krankes Subjekt, ich beschäftige mich mit einer schwierigen binomischen Gleichung!

Grissemann
13.06.2012 23:39:04

Ah so. Tschuldigung. Dachte nur, du hättest Lust u Laune an einer telepathischen Masturbationsvorstellungsidee. Wenn nicht, g a r kein Problem

Grissemann
17.06.2012 12:08:14

Wenn die Sonne scheint, muss ich immer an uns und wie es früher war denken

Schamoni
17.06.2012 12:25:10

Ich hab dich lieb, und es wird bestimmt alles wieder gut, gell?

Grissemann
17.06.2012 12:27:08

Ich hoff es auch so sehr. Aber deine Gier nach Geld und Juwelen hat viel kaputtgemacht. Das weißt du

Schamoni
17.06.2012 15:02:33

Wahrscheinlich hast du recht, mein Lieber. Aber du hast gesagt, dass du mir Geld gibst. Ich brauch Geld. Überhaupt: Wo sind die Uhren, du Kackfrosch, her damit!

Grissemann
17.06.2012 17:01:08

Eine Raymond Weil Geneve 4 Omega Speedmaster, 5 Taschenuhren Longines, 2 Jaeger Lecoultre, 8 gravierte Damenuhren und eine 3 Meter hohe Standuhr aus dem Jahr 1905. Das alles hab ich noch daheim. Soll ichs morgen wegschicken? Hm?

Schamoni
17.06.2012 17:31:27

A was, war ein Scherz, i mag keine Uhrn, die san ordinär und kleingeistig, wer so was z'haus hat, muss a niederer Geist sein.[6]

6 Schamoni ist bekannt als Hobby-Bergdorfpunk. Er bringt mit Vorliebe sämtliche Dialekte zwischen Bayern, Tirol und Wien durcheinander und merkt es nicht einmal. Merkspruch des ungenialen Dilettanten: drei Vokale, und jetzt gründe eine Sprache!

Grissemann
17.06.2012 17:32:34

Na geh … jetzt pack ichs grad ein!!
Des gibts net … naa

Schamoni
17.06.2012 17:34:52

B'halt dei Glump, i moag so an
Schranz ned!

Grissemann
17.06.2012 17:37:42

So. Jetzt reichts endgültig. Ich mach
mir immer solche Mühe!! Und du bist
nur besoffen und gemein. Du hörst
nichts mehr von mir

Schamoni
17.06.2012 17:54:29

Geh, jetz stell di ned so kindisch an,
bist doch a Wiener, und mir san
Kabarettisten, da geht's halt hölzern
zu, gell? Busserl!

Schamoni
17.06.2012 21:41:18

Geh, du derfst mi a schimpfen, wenn's
dia taugt, i bin eh am End.

Grissemann
18.06.2012 18:17:01

Du, äh … nicht mal die Standuhr? Die is wirklich super. Ein kleiner Kratzer am Ziffernblatt, sonst tiptop. Fast 4m hoch! Ja? Ich schick sie dir

Schamoni
18.06.2012 18:23:20

Ja, mach du nur, Hauptsache, bist glücklich. I hab aufgeb'n. Einmal noch nackt nach Turkmenistan, und das war's …

Schamoni
18.06.2012 21:41:24

Grüß Gott, was möchten's von mir? … Ah, Sie sollen ein Präsent abliefern? … Eine Uhr, eine große? … Na, i möcht keine Uhr nicht … Nein, auch nicht von einem Herrn aus Wien … Ja, in den Kamin … Ja, anzünden, dankschön, servas.

Grissemann
18.06.2012 21:44:59

Hör auf! Hör endlich auf damit, mich zu verletzen!! Du hast Ver-ant-wort-ung!! Die Standuhr hab ich jetzt endlich, endlich verpackt. Puh, die is echt fast 5m hoch u wiegt 750 Kilo! Morgen wird sie weggeschickt! Einen Sack Goldkrönchen gibts dazu. Mein Lieber!

Grissemann
18.06.2012 21:48:47

Der Goldkrönchensack wiegt auch ordentlich. 250 Kilo. Magst ihn wirklich? Oder reicht die Uhr erst mal? Und im August die Krönchen? Hm?

Grissemann
18.06.2012 22:11:24

Du, hab übrigens grad gemerkt, dass mein Penis dir zum Verwechseln ähnlich sieht. Super, oder?

Schamoni
18.06.2012 22:12:41

Ich kann nicht mehr. Du machst mich fertig mit deinem Schwachsinn. Ich bin nur ein Zahnrad in deinem Uhrwerk der Idiotie! Hohl und bösartig, alles an dir!

Grissemann
18.06.2012 22:14:34

Das heißt, du willst die Uhr nicht. Und die Krönchen?

Grissemann
18.06.2012 22:17:08

Ach, geh in Oasch. Du gherst daschlogn

Schamoni
18.06.2012 22:18:01

So! Ende!

Grissemann
18.06.2012 22:21:33

Das hast nicht d u zu entscheiden. Vorschlag zur Güte, du gibst mir morgen Bescheid, nachdem du die Wohnung ausgemessen hast, ob du die Standuhr (6.50 m hoch) Express geschickt willst. Die Goldkrönchen schick ich mit, keine Angst. Wenn du nicht antwortest, heißt das, du willst Uhr u Krönchen

Grissemann
28.06.2012 21:57:16

Du. Denkbar, dass du zu mir kommst? Schweinsgasse 4. 1180 Wien. Aufs Sofa. Ich les dich in den Schlaf. Und zeig dir Uhren. Ja? Interesse?

Grissemann
30.06.2012 22:37:06

Kommst jetzt vorbei? Ich hab alles vorbereitet. Kürbis magst du, oder?

Schamoni
03.07.2012 22:33:45

Jaja, ich mach alles mit, Hauptsache, du hast den albernen Seppelhut auf und haltst die Goschn.

Schamoni
04.07.2012 00:06:36

Kaum reagiert man, ist das Fräulein auch schon wieder beleidigt …

Schamoni
04.07.2012 00:08:05

Wie schuldig soll ich mich eigentlich noch fühlen?

Grissemann
04.07.2012 00:13:20

Bin am Saufen. Möchte nicht gestört werden

Schamoni
04.07.2012 00:14:14

Alles klar …

Schamoni
17.07.2012 21:03:26

Du, wennst so einem andern Seppel oan ind Goschn hängst, da gscheppert's aber freilich recht ordentlich, gell? Der Kampf der Urviecher, gell?

Schamoni
17.07.2012 21:43:25

Boah, des stell i mir urleiwand vor, wie ihr so oafanander brazzt, und dann brüllt's ihr wie so riesige Säue und nadürlich: Du gwinnst, logo, wie immer, supa!

Schamoni
18.07.2012 00:23:31

Des wird da Supafilm: die Urvieha san los! (C. Grissemann als »Gorgus« die Ursau gegen Bully Herbig oder Michael Mittermeier oder wie so Seppeln halt hoaßn.) Ja? I schreib des Buch! Ja?

Grissemann
18.07.2012 11:28:05

Lass mich bitte in Ruhe. Während ich dir in Heiterkeit schreibe, willst du mich immer nur verletzen. Das macht mich traurig

Schamoni
18.07.2012 22:41:27

Ich wollte dich einfach nur nett unterhalten, dir Aufmerksamkeit schenken. Du erkennst Liebe selbst dann nicht, wenn man dir das eigene zuckende Herz vor die Füße legt!

Grissemann
19.07.2012 19:36:44

Bitte endlich Ruhe. Danke

Grissemann
19.07.2012 20:17:07

Stimmt das eigentlich, dass du sehr viel onanierst und nicht mal einen Hauptschulabschluss hast?

Schamoni
19.07.2012 20:29:51

Kan grade nihct, bim am Wichsem

Grissemann
24.07.2012 21:04:06

Bist du an Zauberutensilien interessiert? Tücher, Tauben, Zylinder etc.?

Schamoni
24.07.2012 21:19:46

Au ja, des wird a Gaudi, hast auch Möhrchen? I moag di und deine Ideen! Lol!

Grissemann
26.07.2012 00:07:24

Du, folgendes. Ich pack dir jetzt ein großes Paket. Such dir einfach das aus was dir gefällt. Hab tolle Zauberstäbe, Trickkarten, Kaninchen uswusw. Ich schicks morgen los

Schamoni
28.07.2012 11:10:08

Sag mir erst, was dir an mir gefällt. Bitte als Liste, mit Nummern. Wäre das möglich?

Grissemann
28.07.2012 11:20:00

1. deine Libellenhaftigkeit
2. dein Plasma
3. deine Gier nach nichts

Schamoni
28.07.2012 11:22:04

Vielen Dank, du Lieber! Ich habe ein Theaterstück geschrieben, darin gibt es eine Figur namens Berti, würdest du die Rolle übernehmen?

Grissemann
28.07.2012 11:23:40

Nur wenn sie mir steht die Rolle. Berti lässt übelstes vermuten

Grissemann
28.07.2012 11:27:33

Es muss schon was welthaltiges sein. Nicht dieser Kaspar Trash. Interesse an Umhängen, Magneten, Karten, Münzen?

Schamoni
28.07.2012 11:33:23

Fein. Das Libretto: Ein gewisser Herr Berti ist seit 300 Jahren in einem Stück Sandstein eingeschlossen. Nur sein rechtes Bein und das Kinn hängen raus. Der junge Marcel Proust fährt mit einer Draisine gegen diesen Stein und: Er zerspringt! Eine unmögliche, faszinierende Begegnung nimmt ihren Lauf. Alles endet natürlich mit Analverkehr! Urcool! Was sagst du?

Grissemann
28.07.2012 11:36:51

Aha. Mhh. Soso. Klingt interessant. Ich setz mich sofort in die Kapsel und flieg zu dir

Schamoni
28.07.2012 11:39:52

Ich nehm einen Ritterumhang und zwei kolorierte Magneten, bittschön.

Grissemann
28.07.2012 11:45:02

Cool. Schon unterwegs. Wir rechnen ab, wenn ich neben dir sitz. Zauberstab gibts gratis dazu. Bussi

Schamoni
01.08.2012 22:46:46

Mei is des fad, koa Uhr, koa Zauberstab, nix als hohle Worte …

Grissemann
02.08.2012 22:25:05

Du musst es bekommen haben. Umhänge, Sägen, Hüte, Spiegel …

Schamoni
05.08.2012 20:13:53

Nein, du Depp, ich will deinen alten Schrott nicht! Ich bau an deiner Karriere, das ist mir als dein einziger Erbe wichtiger. Schickst du mir bald ein aktuelles Testament?

Schamoni
05.08.2012 20:58:10

Ich schenk dir eine Idee: das Lutschofon, ähnlich wie Telefon – nur zum Lutschen. Mit solchem Schwachsinn kannst du richtig bekannt werden. Bist du dankbar?

Grissemann
05.08.2012 21:12:31

Lutschofon. Sag, schämst du dich nicht? Ich bin Künstler. Laut wichtiger Zeitung der 69 wichtigste Österreicher. Lutschofon

Schamoni
05.08.2012 21:33:40

Schau, jetzt hast du mich zum Schmunzeln gebracht mit dem Lutschofon, war denn das wirklich so schwer? Mach deinem Kreator doch öfter mal so eine kleine Freude.

Schamoni
06.08.2012 20:55:42

Oder was hältst du von Sackbräuner TV? Du kriegst einen eigenen Fernsehsender, wo du die ganze Zeit Werbung machst für so kleine Lämpchen, mit denen man sich den Sack braun brennen kann! Wär des was für di? Ich bastel die Lampen zusammen!

Grissemann
09.10.2012 23:01:51

Du, äh, hab grad den Keller aufgeräumt und massenhaft Stofftiere und Handpuppen gefunden. Interesse? Stoffstörche, 4m lange Stoffschlangen, riesige Handpuppen. Soll ich dir was zur Probe schicken? Hm?

Schamoni
09.10.2012 23:14:02

Mei, du bist wirkli so a liabs Kaschperl, ois nimmi von dir, ois wosd moagst, Krokodile und ois!

Grissemann
09.10.2012 23:16:03

Hei. Cool! Ich schick dir mal 50 Stoffigel und ein paar Löwen, ok? Handpuppen? Wie viel? 30 Kilo?

Grissemann
14.10.2012 13:16:37

Du, komm grad ganz staubig aus dem Keller. Hab 4 Harlekin-Handpuppen und enorm viele Stofftiere, Löwen, Enten etc etc gefunden. Willst du die?

Schamoni
14.10.2012 13:23:19

Na ja, wenn's ernst gemeint ist: Dann hätt ich gern einen Storch aus Filz als Handpuppe für's Bauchreden.

Grissemann
14.10.2012 13:24:52

Störche, Störche … ich glaub da war was! Ich lauf schnell nochmal runter in den Keller

Schamoni
14.10.2012 13:28:34

Hihi, schmunzel, mei is des liab!

Grissemann
14.10.2012 13:31:01

Kein Storch, aber Pelikan. Aus rotem Rauhleder. Imposanter gelber Schnabel. Etwas groß allerdings. Über 5 Meter. Magst du den?

Schamoni
14.10.2012 13:40:44

Jojo, mia is ois recht, Hauptsache: kommt vom Herzen! Schick nur, du verruckter Bua. A bunter Vogel bist!

Schamoni
14.10.2012 13:46:11

Du, jetzt, wo es so schön ist, darf ich dich um etwas Persönliches bitten?

Grissemann
14.10.2012 13:48:57

Natürlich.

Schamoni
14.10.2012 13:52:25

Könntest du mir ein Video schicken, etwa acht Minuten, in dem du auf allen Vieren den Boden ableckst und zwischendurch immer wieder schreist: »Ist es das, was du wolltest, Martina Duvenstedt?«

Grissemann
14.10.2012 13:53:04

Ja sicher. Mach ich gleich

Schamoni
17.10.2012 15:34:40

Hm, komisch, ist mal wieder nichts bei mir angekommen …

Grissemann
18.10.2012 12:56:04

Das gibts doch nicht. Storch vor 3 Tagen abgeschickt.

Schamoni
18.10.2012 16:08:00

Nicht der scheiß Storch! Ich mein das Video. Ist denn das so schwer? Es ist doch nur eine kleine Bitte!

Grissemann
19.10.2012 16:53:49

Storch da? Schon ausprobiert? Brauchst du Bauchrednerausbildung? Kenne da wen in Kiel. Dr. Hond-Wandfotz, guter Mann. Video unterwegs

Grissemann
20.10.2012 18:50:42

Tücher, Hüte, Spiegel. Alles grad im Keller gefunden. Und an dich gedacht …[7]

Grissemann
22.10.2012 21:57:18

Habe grade viel Privates von dir erfahren. Schön

Schamoni
23.10.2012 10:30:25

Was soll das heißen? Willst du mich ängstigen?

Grissemann
23.10.2012 11:58:30

Hab keine Angst. Es wird schon gehen

7 Leider bricht hier die interessante Video-Thematik ab, vermutlich wurde der Originaltext von den Autoren vernichtet.

Schamoni
27.10.2012 19:10:35

Hast du einen Job für mich? Als Kabelschlepper in eurer Show, oder so? Ich mach jeden Dreck. Hauptsache, was zu essen! Bitte.

Grissemann
27.10.2012 19:11:05

Nein

Schamoni
27.10.2012 19:14:04

Okay, verstehe. Adieu.

Grissemann
27.10.2012 19:14:27

Ciao

Grissemann
27.10.2012 20:16:35

Du, ist es ok für dich, mich nicht mehr zu belästigen? Ja?

Schamoni
27.10.2012 20:22:11

Ja, natürlich. Entschuldige bitte, ich mach keine Scherereien, ich belästige nicht mehr, entschuldige bitte. Und dass es dir gut gehen möge!

Schamoni
27.10.2012 20:23:55

Und es tut mir sehr leid, noch mal!

Grissemann
27.10.2012 20:25:23

Du, äh, bitte. Aus jetzt bitte. Bin in anderen Sphären mittlerweile

Schamoni
27.10.2012 20:33:29

Nein, liebe Freunde, bitte macht euch keine Gedanken, der Christoph sorgt für mich, er ist so ein herzenslieber Mensch, ohne ihn müsste ich wohl sterben.

Schamoni
27.10.2012 20:34:13

Oh, pardon, das war jetzt nicht für dich, bitte verzeih mir!!!

Grissemann
02.11.2012 16:43:25

Geh jetzt in den Keller. Brauchst was?

Grissemann
03.11.2012 13:29:30

Ich gehe erst in den Keller, wenn du sagst, dass du was brauchst. Also, brauchst du was?

Schamoni
03.11.2012 13:33:01

Was soll die Häme? Ich bat dich um etwas zu essen, Antwort: Nein! Um Hilfe, Antwort: Nein! Was willst du mir jetzt aus dem Keller mitbringen? Die Gicht?

Grissemann
03.11.2012 13:36:09

Ich hab zum Beispiel Licht im Keller. Willst du Licht? Oder Tücher? Willst du Tücher? Sei nicht so hart!

Grissemann
03.11.2012 19:05:47

Noch mal. W a n n soll ich in den Keller gehen?

Schamoni
03.11.2012 19:08:43

Geh jetzt in den Keller, und tu mir einen Gefallen: Bleib da. Für immer. Ich brauche den Rest der Welt jetzt für mich. Ich bin ab heute frei von dir.

Grissemann
03.11.2012 19:10:45

Nein. Nein. Sei nicht so hart. Ich geh jetzt in den Keller und hol dir ein Tuch. Und schicks dir gleich! Ja? Sag ja, bitte!!

Schamoni
03.11.2012 19:12:09

Nein. Es ist vorbei. Der Bann ist gelöst.

Grissemann
03.11.2012 19:14:14

Nein! Nein! Nein! Bitte! Ich schick dir 2 Tücher zur Versöhnung. Eins mit Enten drauf und ein blitzblaues. Ok? Bitte!

Schamoni
04.11.2012 12:07:11

Jaja, schick deinen Müll ruhig los, hier meine Adresse: Arno Strecker, Schrotthandel und Resteverbrennung, Redderstieg 8–80, 20358 Hamburg

Grissemann
04.11.2012 12:28:21

Warum? W a r u m? Tust du allen so weh?

Schamoni
04.11.2012 12:32:22

Weil ihr schwach und klein seid!
Es ist Zeit für Klarheit und für einen neuen Menschen. Einen ohne Sentimentalität und jämmerlichen Pathos! Schweig ab jetzt, Wurm. Und danke mir für dein zufälliges, kleines Sein.

Grissemann
04.11.2012 12:37:49

Meinst du das ernst?

Schamoni
04.11.2012 13:48:19

Ja. Möchtest du geführt werden? Kannst du Hilfe annehmen? Sollen dir die Augen geöffnet werden? Es gibt jemand, zu dem du aufschauen kannst – wenn du es nur zulässt!

Grissemann
04.11.2012 15:00:23

Soll ich in den Keller gehen?

Schamoni
04.11.2012 15:03:36

Du brauchst Führung und eine harte Hand! Geh jetzt in den Keller, und piss dich ein! Los!

Grissemann
04.11.2012 15:05:34

Du bist kein Gentleman. Aber ich mach, wie mir geheißen

Grissemann
07.11.2012 16:04:20

War im Keller. Bin ganz staubig wieder oben. Du, was dich vielleicht interessieren könnte, habe im Keller tausende Faschingsmasken gefunden. Auch vom Karneval in Venedig. Tolle Vogelmasken, unzählige Indianermasken und Negermasken. Soll ich dir mal ein paar zur Ansicht schicken?

Grissemann
07.11.2012 16:08:51

Ah ja auch hunderte so traditionelle bulgarische Frauenkopftücher. Schön bunt. Magst du die auch? Soll ich mal 50 rüberschicken?

Grissemann
07.11.2012 17:50:25

Bitte um rasche Antwort. Ich warte doch

Schamoni
07.11.2012 19:06:05

Hä? Was ist los?
Geschlafen … Könntest du das alles noch mal wiederholen?

Grissemann
07.11.2012 19:10:42

Lies doch. Masken u Kopftücher hab ich. Ausm Keller

Grissemann
08.11.2012 12:05:46

Äh … was is jetzt?? Ich warte …

Schamoni
09.11.2012 22:29:46

Ja, schick rüber, ich hab da zwei so Trottel in meiner Gruppe, denen kann ich deinen Müll unterjubeln!

Grissemann
09.11.2012 22:35:11

Kannst du mir die Telefonnummer von Schak Balminger[8] smsn. Bitte.

8 Mit Schak Balminger ist selbstverständlich immer noch Jacques Palminger gemeint. Die endlose Namensvariation hat sich bei den Dialogpartnern schon vor längerer Zeit zu einer Manie ausgewachsen. Als wahrscheinliche Ursachen dafür liegen berufsbedingter Originalitätszwang und die generelle Lust an der Herabwürdigung und Infantilisierung abwesender Dritter auf der Hand.

Grissemann
09.11.2012 22:37:28

Frag ihn ob er traditionelle bäuerliche Tischtücher braucht. Teilweise mit Brezel-Motiven. Könnte ihm ein paar hundert zur Ansicht schicken

Schamoni
10.11.2012 14:02:02

Sag mal, gibt's eigentlich noch mehr als eine Hirnzelle in deinem depperten Ösischädel, oder herrscht die grenzenlose Leere des Alls? Jetzt lass uns hart arbeitende Komödianten doch mit deinem Kellerschund endlich in Ruhe!!!

Schamoni
10.11.2012 14:02:33

Schwachkopf, dämlicher!

Schamoni
10.11.2012 14:03:28

Jaja, die Töpfe kannst mir auch schicken, Hauptsache Keller …

Grissemann
10.11.2012 14:18:05

Bitte hör auf damit, es tut mir zu weh.
Ich wollte nur lieb sein

Schamoni
10.11.2012 15:00:51

Du willst Geld machen! Jetzt sag doch mal die Preise für die Scheißtücher. Oder die blöden Stoffkraken! Sag doch mal die Preise!

Grissemann
10.11.2012 15:09:52

Servietten – 80 Euro pro Stück. Masken – 130, Tücher – 60, Handpuppen – 210, Zauberstäbe – 50, Stofftiere – 90

Schamoni
10.11.2012 15:15:20

80 Euro pro Serviette!!! Klingelt's???
80 Euro! Gieriger, dummdreister Volltrottel!

Grissemann
10.11.2012 15:23:55

Das sind wertvolle Folklore-Servietten. Sehr bunt. Teilweise mit Tiermotiven. Soll ich dir welche schicken? Geh eh gleich wieder in den Keller

Schamoni
10.11.2012 15:31:16

Geh in deinen dreckigen, verrückten Wiener Psychokeller, und zieh da weiter armen Hauskatzen das Fell ab, aber lass uns gesunde Menschen da raus!!!

Grissemann
14.11.2012 19:55:04

Ich geh um 22.30 in den Keller. Ich sags nur

Schamoni
14.11.2012 23:28:14

Möchtest du Menschen hauen? Ich hätte eine günstige Gelegenheit. Die können nicht reden. 50 Euro für eine Stunde. Bock? Die Adresse wäre in Linz.

Grissemann
14.11.2012 23:30:27

Widerlich. Einfach nur abstoßend. Warum? W a r u m?

Schamoni
14.11.2012 23:38:32

Bitte, Christoph, sag es jetzt! Du darfst auch kratzen, Haare ziehen, Arm umbiegen, alles, aber bitte sag schnell – es geht nur bis 12!

Grissemann
14.11.2012 23:40:57

Warum willst du mich zum weinen bringen? Warum soll ich deinen abartigen Sehnsüchten gehör schenken? W a r u m?

Schamoni
14.11.2012 23:44:56

Weil du krank bist und das brauchst. Ich will DIR HELFEN! Du blinder Narr! Bitte spiel jetzt nicht weiter dieses arme, süße Wiener Madel!

Grissemann
14.11.2012 23:45:55

Ok. Wie willst du mir helfen?

Schamoni
14.11.2012 23:59:14

Du hast ein sehr zerstörtes Persönlichkeitsprofil, bitte lass mich die Nacht über dran arbeiten, morgen gibt's dann ein Programm. Mein Gott, wie schön, dass ich zu dir durchdringen konnte!

Grissemann
15.11.2012 00:00:32

Ok. Bitte hilf mir. Ich vertraue dir.
Bis morgen

Schamoni
16.11.2012 09:46:46

Pardon, ich arbeite noch an dem sehr
komplexen Programm für dich!

Grissemann
16.11.2012 09:49:10

Lass dir Zeit. Hauptsache, es hilft. Ich
brauchs

Grissemann
17.11.2012 18:33:37

?

Schamoni
17.11.2012 21:50:28

Die letzten Parameter-Tests laufen!
Magst du Grützwurst?

Schamoni
18.11.2012 11:14:00

So, wir fangen heute erst mal mit Hodenbadungen an. Ich möchte, dass du einen Topf mit 60 Grad heißem Wasser auf den Boden stellst und jede Stunde deine Hoden 20 Minuten lang etwa eine Handbreit darüber hängst! Okay? Und los geht's, Richtung Heilung!

Schamoni
18.11.2012 18:19:58

So, ab morgen beginnen wir mit deiner Sprachtherapie. Du hast vermutlich eine postnatale Ansprachestörung. Bitte sag zu JEDEM, der dich anspricht: »Aga, happa kacka in Hose mat! Happa Popo voll Kacka!« Okay? Verstanden?

Grissemann
18.11.2012 18:27:07

»Aga, happa kacka hose mat« oder »acka, habba gacka hose mat«?

Schamoni
18.11.2012 18:33:01

Das ist ganz gleich, wichtig ist, dass du es ENDLICH sagen darfst!

Grissemann
18.11.2012 18:34:06

Du hast recht. Ich versuchs gleich. Unten im Keller

Schamoni
18.11.2012 22:25:05

Übrigens: Ab morgen darfst du nicht mehr in den Keller. Der Keller steht für dein verdrängtes Unterbewusstsein und deine fäkalen Triebe. Damit wollen wir jetzt mal aufhören, gell?

Schamoni
19.11.2012 15:59:01

Ich sagte: NICHT IN DEN KELLER! Lieb oben bleiben, wo es hell ist und gut riecht, gell?

Grissemann
19.11.2012 22:32:11

Nicht runter? In den Keller?

Schamoni
19.11.2012 22:54:05

NEIN! Aufs Dach, in den Puff, zum Müll, aber NICHT IN DEN KELLER! Oder willst du etwa irre werden?

Grissemann
19.11.2012 23:03:27

Ich geh nicht runter. Ich geh nicht runter. Ich geh nicht runter

Schamoni
19.11.2012 23:19:49

Diese ganzen alten Lappen und Tücher da unten sind nur deine unverarbeiteten fäkalen Traumata! Kote einfach da, wo du gerade bist, und du wirst die Geister los! Therapieschritt für morgen: nur Worte mit a sagen!!!

Schamoni
21.11.2012 10:43:50

Der vierte Step: Bitte versuche heute, deinen Stuhlgang in dir zu halten und ihn zu schützen wie einen ungeborenen Fötus. Sprich zu ihm, gib ihm Wärme und Zärtlichkeit! Lerne, deinen Stuhl als einen Teil von dir anzunehmen![9]

Grissemann
21.11.2012 10:55:12

Was meinst du mit Stuhl?

Schamoni
21.11.2012 10:57:53

Dämlicher Idiot. Kot natürlich! Wie dumm kann man sein?

Grissemann
21.11.2012 10:58:18

Kot?

9 Vermutlich spielt Schamoni hier auf die frühkindliche anale Phase an. Der anale Charakter ist laut Psychoanalyse von Geiz und Pedanterie gekennzeichnet. Hier zeigt sich auch eine interessante Verbindung zu Grissemanns Geldobsession.

Grissemann
22.11.2012 12:34:05

Mein Stuhl ist feuerrot und flüssig wie deine Tränen.

Grissemann
24.11.2012 17:47:50

Hast du Lust, durch mein Arschloch in mein Inneres zu schauen? Ja? Nein?

Schamoni
25.11.2012 11:16:41

Christoph, schweig bitte kurz, ich muss mit dem Team reden, weil dein Fall so hoffnungslos ist!

Schamoni
25.11.2012 12:02:51

Okay, sehr traurig, die Therapie ist fehlgeschlagen! Du bist kränker als zuvor! Es tut mir so leid!

Schamoni
25.11.2012 14:31:36

Einzige letzte Chance zur Heilung: Du müsstest dich durch dein eigenes Arschloch in dich selber reinstülpen! Aber das ist wahrscheinlich wieder zu viel verlangt …

Grissemann
25.11.2012 14:33:17

Ich kanns nur versuchen. Versprechen kann ich nichts

Schamoni
25.11.2012 14:35:24

Immer nur Ausreden! Versuch doch EINMAL konsequent zu sein! Ich geb auf …

Grissemann
25.11.2012 14:37:09

Ich versuchs doch eh! Also ich steig jetzt mit dem linken Bein in meinen Hintern und versuch mich dann ganz reinzuziehen, ok?

Schamoni
25.11.2012 15:22:33

Ja. Bitte um ein Foto!

Grissemann
25.11.2012 16:42:15

Bin durch mein Poloch in mich reingestiegen. Es ist ein echtes Abenteuer. Hier ist es dunkel und sieht genauso aus wie im Keller!

Schamoni
25.11.2012 17:05:10

Lieber Christoph, bitte belüg mich jetzt nicht!

Grissemann
25.11.2012 17:14:03

Ich schwör dir, es ist wahr! Bin seit Stunden in mir drin. Das einzige Licht fällt durch mein Poloch hier rein. Das irre ist, hier in mir sind tausende Tücher, Servietten, Masken, Puppen … a l l es wie im Keller!! Ich bin mein Keller! Verstehst du??

Schamoni
25.11.2012 18:34:56

Dann hat es doch geklappt, meine Therapie!!! Genau das war mein Ziel!!! Ich hab es unglaublicherweise mal wieder geschafft. Du kannst dich ALS GEHEILT BETRACHTEN! Bitte dank mir lieb.

Grissemann
24.12.2012 13:23:20

Ich möchte mit dir den Wanderflug der Amsel beobachten!

Schamoni
24.12.2012 16:13:46

Mei, bist du liab! A ganz a süßa Zuckerfratz bist! I herz di recht lieb zum Fest.

Grissemann
26.12.2012 15:05:09

Du, hör zu, ich war grad mal wieder unten im Keller, nur um ein bisschen zu stöbern … Was seh ich hinten in der Ecke? Kerzen! Große, kleine, runde, Kerzen in Tierform (Papagei!), Duftkerzen, Gewürzkerzen, blaue, rote, grüne undundund. Brauchst du welche?

Schamoni
26.12.2012 16:22:33

Nein

Grissemann
26.12.2012 16:24:44

Kerzen nicht. Tücher nicht. Servietten nicht. Masken nicht. Uhren nicht. W a s d e n n???

Schamoni
26.12.2012 17:58:11

Geld. I brauch Geld. Wenn du mir was gibst, darfst du auch meine superwitzigen SMS in eurer Fernsehshow vorlesen, des bringt a Quoten! Gibst mir was ab von deinem Geld?

Grissemann
27.12.2012 18:18:00

Wieviel Geld willst du? Summe!

Schamoni
27.12.2012 21:49:20

So viel, wie geht, bitte! Erst mal 1000, später mehr. Dafür kriegst du auch etwas von mir! Ja?

Grissemann
27.12.2012 21:57:57

Ich habe eine Bedingung. Du bekommst Geld. Und zwar jede Woche 600 euro. Ein Probejahr lang. Dafür unterwirfst du dich mir. Komplett. Ich habe die Kontrolle über dich. Du machst was ich sage

Schamoni
27.12.2012 22:00:47

Jaja, eh klar, es fällt mir zwar schwer, aber ich versteh es. Ab wann krieg ich Geld?

Grissemann
27.12.2012 22:02:17

Ab 1.1. Wenn du die erste Prüfung bestehst

Grissemann
27.12.2012 22:08:39

Die erste Prüfung lautet: falte 3 weiße Stoffservietten bei dir zuhause zu schönen Schwänen. Mach ein Beweisfoto und schick es mir. Für diese Prüfung hast du bis 31.12. 14 Uhr Zeit

Grissemann
28.12.2012 11:00:44

Hast du die Aufgabe verstanden? Antworte mit 'ja'!

Schamoni
28.12.2012 14:10:42

Ja, ich hab sogar schon fertig! Is recht so?

Schamoni
28.12.2012 14:31:29

Is recht schön, gell?

Grissemann
28.12.2012 14:51:30

Du, äh, hast du die Aufgabe verstanden?
Arbeitest du an den Schwänen?
Wenn du es wieder nicht ernst meinst,
dann sag es.

Schamoni
28.12.2012 15:46:17

Na gut, okay, ich kann auch anders!
Bitte schön!

Schamoni
28.12.2012 17:18:10

Du hast das Bild der drei gefalteten
Schwäne auf dem Wasser ja wohl
bekommen, oder?

Grissemann
29.12.2012 18:05:54

Die sind schön. Wie echt. Hast du sie wirklich selbst gefaltet?

Schamoni
29.12.2012 18:23:02

Natürlich, was glaubst du denn? Krieg ich jetzt ENDLICH mein ehrlich verdientes Geld? Unsere Beziehung soll rein monetär sein, das wäre schön, oder?

Grissemann
29.12.2012 18:29:30

Die Schwäne sind wirklich schön, aber wie kann ich sicher sein, dass d u sie gefaltet hast. Schick mir ein Beweisfoto, wo du mit den Serviettenschwänen zu sehen bist. Dann überweise ich. Bitte versteh

Schamoni
29.12.2012 23:56:25

Geizig, misstrauisch und kontrollsüchtig, was ist nur aus dir geworden?

Schamoni
29.12.2012 23:57:01

Schläfst du eigentlich mit Heinz? Oder hat er gelogen?

Grissemann
30.12.2012 10:57:22

Bin noch am prüfen, aber es sieht so aus, als hättest du keine Serviette in Faltarbeit, wie es Auftrag war, sondern P a p i e r. Das wäre Wahnsinn

Schamoni
30.12.2012 12:06:26

Pah! Haarspaltereien eines Kontrollfaschisten! Schon mal was von PAPIERservietten gehört??? Du hattest NICHTS von Stoffservietten gesagt!!!

Grissemann
30.12.2012 12:09:59

Ok. Prüfung am Nachmittag, ob es sich um Papierserviette handelt oder nur um Papier. Werde auch Chefkellner (Kennerblick) bitten, an Fotoprüfung teilzunehmen. Du hörst von mir[10]

10 Auch an dieser Stelle sind leider die Originaldialoge im digitalen Orkus verschwunden. Unvermittelt setzt am 22. Februar des nächsten Jahres die Korrespondenz wieder ein.

Grissemann
22.02.2013 18:07:15

Du, äh, weil wir uns ja jetzt doch nicht sehen … soll ich dir was aus dem Keller holen und schicken? Ja?

Schamoni
23.02.2013 12:49:09

Bitte bring Kartoffeln mit. Und zwei Helle für mich. Ich hab übrigens beschlossen, dich in eine turkmenische Familie zu geben!

Schamoni
23.02.2013 23:08:04

Deine Mutter heißt ab morgen Bürishem Durrughlü, sie ist klein, fett, brutal, 60 Jahre alt. Sie will, dass du Gemüsejunge wirst. Sie will dich hauen. Bitte halte dich morgen ab 12 Uhr bereit.

Grissemann
24.02.2013 10:11:07

Ist das wirklich ernst? Oder wieder einer deiner Späße? Wenn es ernst ist, freu ich mich aufrichtig. Ich verehre die turkmenische Kultur. Lass mich wissen, was zu tun ist

Grissemann
24.02.2013 12:04:13

Bin am Kofferpacken. Werd ich einen Fes brauchen?

Schamoni
24.02.2013 12:46:24

Hahaha! Mal wieder drauf reingefallen! Du bist so dumm, du glaubst aber auch alles!

Schamoni
24.02.2013 12:46:58

Du wirst nämlich erst heute Abend von ihr abgeholt! Um 18 Uhr!

Schamoni
24.02.2013 12:48:14

Dann geht es nach Turkmenistan, nach Nevsehir, ins Heim.

Schamoni
24.02.2013 19:27:26

Man hat dich nicht angetroffen! Selber schuld! Jetzt kommst du nach Afghanistan, in eine Schweinezuchtgrube, als Paarungshelfer!

Grissemann
24.02.2013 19:30:56

Entschuldigung. Schneechaos. Bin on the way!

Grissemann
27.02.2013 17:03:23

Ich kenn mich nimmer aus. Bin in Istanbul. Straßenkreuzung. Wohin? Bitte

Grissemann
03.03.2013 13:49:08

Was heißt »gülütisürislü« oder so ähnlich? Die haben mich hier festgekettet

Schamoni
03.03.2013 13:58:47

Das heißt »Kennen sie eventuell eine Daniela Meibach aus Bad Dülmen?« Sag einfach: ja. Sonst wird man dich schlagen!

Grissemann
07.03.2013 17:16:17

Du, anderes Thema: Ich habe Macht über dich. Du weißt das

Grissemann
13.03.2013 19:03:11

Du hast großen Respekt vor mir. Du denkst oft an mich. Du fragst dich warum. Warum hab ich soviel Macht über dich? Das fragst du dich

Schamoni
13.03.2013 19:06:15

Halt mal den Schnabel, du Quatsch auf Beinen, ich unterhalte mich grade ernsthaft mit einem betriebswirtschaflichen Auswerter.

Grissemann
13.03.2013 19:08:18

Du meinst dich über Beleidigungen meines Einflusses entziehen zu können. Du zerbrichst darüber dass das nicht geht. Hab keine Angst

Schamoni
14.03.2013 12:40:00

Ich liebe dich und verehre dich.

Grissemann
21.03.2013 17:35:20

Würdest du mich als deinen Schutzengel bezeichnen?

Schamoni
21.03.2013 19:07:36

Wohl eher Schmutzengel, weil du so kaputt bist. Geh, schick mir was aus dem Keller, du Wurm.

Grissemann
30.03.2013 13:01:01[11]

Komme gerade aus dem Keller. Habe dort in der linken Ecke tausende, abertausende Brotkörbe gefunden. Geflochtene, gestrickte, aus Porzellan, kleine, riesige. Interesse? Wenn du willst schick ich dir mal ein paar hundert Körbe zur Ansicht und Prüfung. Ja?

Grissemann
30.03.2013 13:04:35

Sag schnell, alle wollen die Körbe!! Du wirst bevorzugt behandelt! Also!?

Schamoni
30.03.2013 13:10:58

HOHL! In deinem Keller ist NICHTS! Es gibt ihn nicht. Und auch KEINE KÖRBE! Du bist LEER!

11 Hält Grissemann sich nun tatsächlich ganze neun Tage und Nächte im Keller auf? Da er zumeist wenig direkten Kontakt zur unmittelbaren Umgebung hält, ist die Frage ohne Originaldokumente kaum mehr zu klären.

Schamoni
30.03.2013 13:17:17

Du suchst einfach nur CONTENT für deine Medienshow und willst mich AUSSAUGEN!

Grissemann
30.03.2013 13:21:22

Nein, nein, ehrlich! Bitte glaube mir! Es sind auch Flechtkörbe von der Nordsee dabei, aus deiner Heimat! Auch portugiesische und holländische!! Brotkörbe aus der Mongolei! Wunderschön! Tobias, bitte, nur Esel würden ablehnen!

Schamoni
30.03.2013 13:25:28

Mach ein Foto[12], oder schweige für immer!

12 Ich vermute, dass Fotos und Bilder den beiden Sprachartisten (Selbstbezeichnung!) als mindere Kulturform gelten. Das heißt aber nicht, dass sie nicht gerne über Bilder parlieren oder sie für andere, durchaus auch erotische Zwecke instrumentalisieren. Vorzugsweise in einsamen Hotelzimmern.

Grissemann
30.03.2013 13:28:02

Ein Foto wird dich erreichen in den nächsten Tagen. Sehr, sehr gern

Schamoni
30.03.2013 13:29:49

HOHL! LÜGEN! HINHALTEREIEN! PHRASEN!

Grissemann
30.03.2013 13:31:01

Neinnein! Hab nur kein Fotohandy! Wirklich! Wer andrer muss es schießen. Vertrau mir

Schamoni
30.03.2013 13:34:14

Jaja, sicher. Mal was anderes: Hättest du Interesse daran, dass ein älterer Mann dich einmal die Woche für sechseinhalb Stunden besucht?

Grissemann
30.03.2013 13:36:47

Ja. Großes Interesse. Wer? Was macht er mit mir?

Schamoni
30.03.2013 13:40:25

Du, ich richte gerade in Österreich einen Pflegedienst für demente Sexualverbrecher ein. Ich würde 13 Euro pro Stunde kriegen. Und für dich wäre es doch eh schön. Der Mann heißt Armin Stechat, er hat vier Huren erwürgt. Ist aber jetzt recht ruhig.

Grissemann
30.03.2013 13:42:54

Was, wenn ich seine fünfte Hure bin? Ich möchte Armin kennenlernen, bevor ich entscheide

Schamoni
30.03.2013 13:45:53

Das geht leider nicht, weil er dann nervös oder aggressiv werden könnte. Wir müssen ihn ohne ein Kennenlernen bei dir einquartieren. Ab Sonntag, da kriegt er immer Haldol und Neurocil und ist müde.

Grissemann
30.03.2013 13:47:36

Nun gut. Weil du es bist. Ich sage ja. Und warte ab morgen mittag auf Herrn Stechat. Es soll ihm an nichts fehlen bei mir

Grissemann
30.03.2013 13:59:32

Ich habe starken Hunger. Ich werde jetzt alleine essen. Allein essen ist das Schönste. War mir wichtig, dass du das noch erfährst

Schamoni
30.03.2013 14:14:30

Jaja, passt schon. Du sag mal: Wäre es möglich, dass wir den »Fetzer« Alfred Stibulat[13] auch noch bei dir unterbringen? Der ist erhöhte Sicherheitsstufe und würde mir bummelig 15 Euro die Stunde einbringen!

13 Die Google-Suche ergibt für Alfred Stibulat null Treffer. Offensichtlich existiert Stibulat nur in Schamonis Fantasie.

Grissemann
30.03.2013 14:16:41

Ich esse. Kümmer mich später drum.
Eher nein.

Schamoni
30.03.2013 14:18:44

Na ja, ist okay, er ist eh ausgebrochen,
mit deiner Karteikarte …

Schamoni
30.03.2013 14:29:03

Weißt du, der Alfred Stibulat, das ist dieser Irre, der mit einer Glasscherbe vom Stephansdom diesen Fernsehleuten die Nasen abgeschnitten hat, um sie zu kochen und an die Spatzen zu verfüttern, was für ein Wahnsinniger! Du, by the way, wo isst du grade?

Grissemann
30.03.2013 14:31:49

In Mailand. Am Fuße des Doms.
Ich wünschte, ich könnte unter deinen Hoden liegen.

Schamoni
18.04.2013 19:49:13

Unter meinen Hoden ist immer ein Schattenplätzchen für dich frei!

Schamoni
19.04.2013 13:20:03

Aber, was ich auch erwähnen muss: Du reibst dich an meinem Image ab wie eine Katze an einer dreckigen Hauswand!

Grissemann
19.04.2013 13:23:53

Du bist mein Schatz. Ich kann nicht mehr ohne dich. Du bist für mich der junge Ernst Jünger. Siehst das Leben auch als Abenteuer männlicher Bewährung. Oder nicht? Hä? Kannst du mir deine Gage geben?

Schamoni
19.04.2013 13:54:18

Wenn ich der Gagschreiber deines Lebens wäre, könntest du am Gleitschirm meiner Worte glücklich und geliebt durch die Welt gleiten! Aber du willst nur die Gage!

Grissemann
19.04.2013 14:05:58

Ja. Bitte. Schnell. Wie viel ist es? Kannst du das Geld zu meiner Mutter bringen. Hegergasse 3. Tür 22

Schamoni
19.04.2013 18:53:10

Deine Mutter hat mir voll in den Arsch getreten, die blöde Kuh! Da geh i nimmer hin. Das Geld hab ich ihr auch wieder abgenommen!

Schamoni
20.04.2013 10:03:22

Habe Witze mit deinem Namen erfunden. 15 Euro für an Grischtl-Witz, okay? Danach gehört er dir!

Grissemann
20.04.2013 10:05:24

Hm. Überlege noch. Habs grad nicht so dick. Wieso hast du Gage nicht bei Mutti gelassen? Manchmal versteh ich dich einfach nicht.

Schamoni
20.04.2013 11:28:38

Deine Mutter hat immer »Boing boing, hol den Pflummi!« zu mir gesagt, das war mir sehr unangenehm. Was muss ich mir eigentlich noch alles von eurer Familie gefallen lassen?

Grissemann
26.04.2013 22:04:16

Entschuldigung. Habe heftig geweint die letzte Stunde. Jetzt gehts halbwegs wieder

Schamoni
26.04.2013 22:19:29

O Gott, bitte hilf, wo sind wir hingeraten??? Wo bist du, Lieber?

Grissemann
27.04.2013 14:36:48

Bin in Oslip. Burgenland. Nackt im Bett. In einem Zimmer, in dem schon Candy Dulfer und Konstantin Wecker genächtigt haben. Mir ist so zum heulen. Hast du gut Mittag gegessen? Was?

Schamoni
27.04.2013 18:30:36

Ja, sehr lecker, danke, du Armer! Würdest du mit mir zum Islam[14] übertreten? Vielleicht ginge es uns dort besser.

Grissemann
27.04.2013 18:46:36

Muss man dann einen Turban tragen? Sieht vll ganz gut aus. Yussuf Schamonei

Schamoni
04.05.2013 12:00:16

Du, Christoph, ich hab eine tolle Idee: Wollen wir ein Kabarettstück machen? Über Hoeneß und Co! So richtig bissig! Boah, das wird ein Skandal!

14 Vermutlich handelt es sich hierbei um eine diffuse Sehnsucht nach Selbstunterwerfung unter eine größere Idee. Philosophen wie Peter Sloterdijk nennen das idealistische bzw. religiöse Streben »Vertikalspannung«.

Grissemann
04.05.2013 13:14:24

Hm. Wenns wirklich bissig und kritisch wird … dann denkbar

Schamoni
04.05.2013 13:20:46

Juhu, ich werde einfach wahnsinnig. Gut, wie das läuft! So muss es sein!

Schamoni
04.05.2013 15:05:31

Später essen gehen? Gehe um 9 ins Vienna! Verstehst du? Vienna!

Grissemann
04.05.2013 15:06:45

Hab Trenki Dreh bis mindestens 22 Uhr. Ernsthaft

Schamoni
04.05.2013 18:35:49

Ich hasse diesen Trenki, dieses miese Schwein hat sich wie eine Wanze in dich verbissen, um dich auszusaugen! Streif ihn endlich ab!

Grissemann
04.05.2013 18:47:21

Alle trampeln immer am Trenki herum. Warum? Weil er euch überlegen ist, weil er mit allen Wassern gewaschen ist, weil er eine weiße Weste hat. Weil er nicht so dumm ist wie ihr

Schamoni
04.05.2013 18:49:49

Christoooph, hörst du mich noch? Er will dich von mir trennen, er will dich töten! Bitte wach auf!

Schamoni
02.06.2013 11:32:54

Was würdest du mir zahlen, wenn ich dir die Möglichkeit gäbe, mit einem guten Freund von dir zu schlafen?

Grissemann
02.06.2013 11:37:45

2500 euro

Schamoni
02.06.2013 11:40:21

Das nehme ich gerne an. Möchtest du wissen, wer der »Glückliche« ist?

Grissemann
02.06.2013 11:44:52

Ja

Schamoni
02.06.2013 11:50:19

Es ist dein alter Freund Dirk Stermann[15]! Na, freust du dich?

Grissemann
02.06.2013 11:55:52

Nein. Das ist enttäuschend. Das möchte ich nicht. Bitte nicht

Schamoni
02.06.2013 11:57:02

Na gut, ich besorge dir einen anderen. Aber der kostet mehr!

15 Dirk Stermann ist der langjährige Show- und Bühnenpartner von Grissemann. Das bislang letzte Kabarettprogramm von Stermann und Grissemann trägt den Titel »Stermann« und birgt so erhebliches Konfliktpotenzial. Zudem ist Sterman gebürtiger Duisburger. Grissemann arbeitet sich seit Jahren an Stermann ab. Er schätzt und erniedrigt ihn. Die beiden suchen inzwischen schon eine Paartherapeutin auf, ein Kamerateam ihrer TV-Sendung »Willkommen Österreich« war einmal mit dabei.

Grissemann
02.06.2013 12:02:34

Ok. Dank dir

Schamoni
02.06.2013 12:04:05

Für 6000 mit Heinz oder wahlweise Rainhard Fendrich[16]! Ja?

Grissemann
02.06.2013 12:09:19

Nein. Nein. Bitte nicht. Nur Fendrich vielleicht … aber 6000 schon arg viel … puh …

Schamoni
02.06.2013 12:11:22

5800 für Fendrich, mein letztes Wort! Mach's oder nicht, dann kriegst du gar nichts!

16 Rainhard Fendrich ist ein etwas aus der Mode gekommener österreichischer Entertainer, Austropopper und Liedermacher. Berühmt-berüchtigt ist seine geheime Fußballstadion-Nationalhymne »I am from Austria«.

Grissemann
02.06.2013 12:13:28

Lass mich noch kurz überlegen bitte! Wo sollte »es« überhaupt stattfinden?

Schamoni
02.06.2013 12:42:45

Auf dem Prater natürlich. Mit Fernsehübertragung.

Grissemann
02.06.2013 12:45:32

Es heißt nicht »auf«, es heißt »im« Prater. Alles ist irgendwie so lächerlich an und mit dir. Hmm

Schamoni
02.06.2013 12:51:46

Ich finde, wir sind jetzt so weit, unseren »modernen Briefwechsel«[17] zu veröffentlichen, es sind viele interessante Themen drin etc. Ich biete es jetzt mal an, ja?

17 Die beiden SMS-Junkies haben offensichtlich schon zu diesem frühen Zeitpunkt den Plan gefasst, ihre Korrespondenz zu veröffentlichen. Ob und was sich dadurch am Charakter der Botschaften geändert hat, kann nur gemutmaßt werden.

Grissemann
02.06.2013 12:54:30

Wieviel Vorschuss krieg ich wann?

Schamoni
02.06.2013 12:56:30

Ich frag mal nach! Ich beschaff dir schon das Geld für die Kugeln …[18]

Grissemann
02.06.2013 12:57:56

Gut. Mach schnell

18 Die Kugeln stehen für die blaue Blume der Romantik, wie Grissemann sie sieht. Ein Objekt der Sehnsucht, nie erreichbar und doch immer da wie ein schmeichelnder Spuk. Die Kugeln erscheinen manchmal zu zweit, selten zu dritt, kaum zu viert, und wenn sie zu fünft erscheinen, ist es eine Epiphanie. Gott spricht aus ihnen bzw. aus dem von Grissemann abgöttisch geliebten All-Time-Favorite-Spielautomaten. Er nennt ihn zärtlich den »Kuagla«. Je mehr Kugeln erscheinen, desto mehr Geld für den nächsten »Kuagla« wird ausgezahlt. Der »Kuagla« ist immer hungrig und teilt mit Grissemann die niemals stillbare Liebe zum Geld.

Schamoni
06.06.2013 18:17:29

Christoph, sind die 14.500 Euro von Jacques[19] und mir angekommen? Die wir Heinz für dich gegeben haben. Wir hoffen, wir können damit das Gröbste bei dir auffangen! Oder hat es Heinz etwa behalten?

Grissemann
06.06.2013 18:18:16

Lügst du mich an?

Schamoni
06.06.2013 18:26:17

Nein! Wie abgemacht: 14.500! Für Kugeln und Bier! Heinz hat das!

Grissemann
06.06.2013 18:28:17

Ok. Danke so weit. Meld mich, wenn ich mehr brauch

19 Gemeint ist natürlich wieder einmal Jacques »Schak usw.« Palminger.

Schamoni
06.06.2013 18:29:05

Hier, der Beweis! Heinz hat das Geld!!

Grissemann
06.06.2013 18:30:36

Ist das seine Hand??

Schamoni
06.06.2013 18:49:21

Natürlich, hier der Beweis!

Grissemann
15.06.2013 18:59:18

Wärst du gern eine Hexe? Bitte schnelle Antwort

Schamoni
15.06.2013 19:58:52

Ja, Reisig- oder Büschelhexe? Passt?

Schamoni
15.06.2013 20:21:37

Büschelhexe. Langnasenhex. Verstehst?

Schamoni
15.06.2013 20:22:54

Christoph, bitte! Ich hab doch schon zugesagt! Und jetzt?

Grissemann
16.06.2013 17:48:16

Brauche Geld. Schnell

Grissemann
16.06.2013 20:41:03

Ehrlich, ich möchte Geige lernen. Bitte Geld

Schamoni
17.06.2013 14:11:13

Ja, für Geige ja, aber nicht Kugeln und Bier! Versprochen?

Grissemann
18.06.2013 22:07:29

Geige und Bier. Ok? Kugeln gestrichen

Schamoni
19.06.2013 13:56:50

Gut, abgemacht: Geige und Bier, nichts anderes!!!

Grissemann
19.06.2013 13:59:11

Perfekt, du Zwerg. Ich danke dir aus vollen Rohren. So, muss eilen. Zum Geigenunterricht

Schamoni
20.06.2013 08:51:36

Sag, wie klappt's? Ist das nicht widersprüchlich – besoffen Geige spielen? Klingt irgendwie eklig. Und bist du ein Bettelgeiger?

Grissemann
20.06.2013 11:49:13

Was soll das? Ich will Konzertgeiger werden. Das ist schon lang ein Traum von mir. Kugeln und Bier kamen mir leider immer dazwischen. Jetzt möcht ichs durchziehen. Frau Baumgarten sagt, ich habe Talent. Will mir ein Thomann-Geigenset kaufen. Bitte schick e n d l i c h das Geld

Schamoni
20.06.2013 17:13:39

Ha! Konzertgeiger! Du Pflaume! Du wirst höchstens Geigerzähler, wenn du vor lauter Bier die Geigen doppelt und dreifach siehst! Aber mach ruhig weiter, ich lass dir deine Kindheitsträume. Also: Bitte Konto- und Bankleitzahl!

Grissemann
20.06.2013 17:26:10

31035308021
erste bank BLZ 20111

Grissemann
20.06.2013 17:26:24

9000?

Grissemann
20.06.2013 17:54:38

Noch was. Ich hab im Keller grad Wachskerzen und Teekessel gefunden. Puh bin ganz voll Staub. Du, tausende Teekessel mit Blumenmuster und Städtemotiven und so. Soll ich dir ein paar zur Ansicht schicken? Ja, mein Lieber?

Schamoni
20.06.2013 18:57:43

Ja, ich nehm die ganze Lieferung bitte! Ich brauch so was. Kannst du es mir nach Garmisch schicken?

Grissemann
21.06.2013 18:28:30

Ja mach ich. 50 Teekessel und etwa 100 Kerzen, ja? Schau sie dir in Ruhe an. Hast du das Geld überwiesen?

Schamoni
21.06.2013 19:04:21

Jaja, das Geld ist raus. Sag, würdest du mit mir nach Garmisch ziehen? Ich habe uns dort eine kleine Einliegerwohnung gemietet, mit guter Isolierung und Badeküche. Ich will mit dir abtauchen. Es gibt einen »begehbaren Schrank« …!

Grissemann
21.06.2013 19:10:17

Ja, klar. Wir könnten den ganzen Tag Sudoku lösen! Bin dabei

Schamoni
21.06.2013 19:13:00

Nein, Mann! Es geht um Entführung! Jemand Mächtiges. Aus der Kirche. Sehr mächtig! Ich möchte dir noch nicht mehr verraten, weil du so ein Plappermaul bist …

Grissemann
21.06.2013 19:13:49

Echt jetzt?

Schamoni
21.06.2013 19:15:28

Ja, Mann! Ich sag nur Pabst! Aber halt deine blöde Gosche!

Grissemann
21.06.2013 19:16:03

Papst schreibt man mit 2 mal p

Schamoni
21.06.2013 19.16:26

Echt? Ppabst?

Grissemann
21.06.2013 19:17:02

Hast du Abitur?

Schamoni
21.06.2013 19:19:16

Idiot. Das war ein Codewort! Wegen dir fliegt die ganze Sache noch auf!

Grissemann
21.06.2013 19:19:50

Bitte keine Beleidigungen. Danke

Schamoni
21.06.2013 19:33:36

Deine Pedanterie quält mich. Ich bin aus einfachen Verhältnissen und kann kaum lesen geschweige denn schreiben! Was ist jetzt mit Erpressung und Garmisch?

Grissemann
21.06.2013 19:34:25

Muss drüber nachdenken. Hast du Nacktfotos von dir?

Schamoni
21.06.2013 21:42:27

Ja. Warum? Würdest du mit mir Gewalt gegen Menschen einsetzen?

Schamoni
21.06.2013 21:46:34

Hohe Rendite!

Grissemann
21.06.2013 22:24:20

Was heißt Rendite?

Schamoni
22.06.2013 10:40:10

Das heißt Gewinn! Wenn wir Menschen entführen, gibt es reinen Gewinn!

Grissemann
22.06.2013 12:35:54

»Menschen entführen«. Hast du kein schlechtes Gewissen? Hast du Abitur?

Grissemann
23.06.2013 00:00:27

Salzstreuer hab ich jetzt auch noch in einer Ecke gefunden. Also, Salz und Pfefferstreuer. Ganz schöne, aus den 70er Jahren teilweise, gutes Fabrikat, mit hübschen Motiven. Landschaftsmotive und so. Willst du welche? Wie viel? Immer noch kein Geld da!

Schamoni
23.06.2013 10:23:33

Ich habe Oskar Haflatschek[20] (84) in einem Schrank auf dem Dachboden. Sobald Lösegeld da ist, kauf ich dir deinen ganzen Schrott ab. Nur lass mich wissen – machst du mit?

Schamoni
23.06.2013 14:39:20

Jetzt ist der Haflatschek tot, weil der Schrank abgeklebt war, und DU bist schuld! Mit deinem blöden Gewarte und Geziere. Er könnte noch leben, wenn du geantwortet hättest!

Grissemann
23.06.2013 14:41:41

Tschuldigung, war im Keller. Was machst du mit der Leiche?

20 Es gibt einen Physiker namens Oskar Hallatschek in Berkeley. Dieser aber ist offenbar nicht gemeint, ein Oskar Haflatschek ist nicht bekannt. Der Herausgeber zweifelt an dem Wahrheitsgehalt dieser Episode.

Schamoni
23.06.2013 14:43:11

Liegen lassen, da sind ja noch mehr. Einfach alle Ritzen abkleben, irgendwann vertrocknen die dann von allein …

Grissemann
23.06.2013 14:44:42

Ok. Wo hast du den her, den Haflatschek? Hat der noch einen hochgekriegt?

Schamoni
23.06.2013 18:10:32

Den hab ich von der Straße weggerissen, im Schwitzkasten. Alte Leute sind gut, weil die schwach sind und Geld haben! Tiere sind auch gut, weil die dumm sind.

Schamoni
23.06.2013 18:49:37

Ach, im Übrigen: Mozart ist eine Sackgasse, und ich werde diesen gigantischen Kulturirrtum widerlegen!

Grissemann
23.06.2013 18:52:19

Interessant. Genau das sagt meine Geigenlehrerin Frau Baumgarten auch! Offenbach!

Schamoni
23.06.2013 18:54:10

Ich rede nicht von Operette.

Grissemann
23.06.2013 18:55:17

Kannst du ein Instrument spielen? Was machst du eigentlich beruflich?[21]

Schamoni
24.06.2013 13:49:19

Ich kann Sopran-Klavinett. Beruflich bin ich beim Bundesamt für Strahlenschutz. Und du?

21 Beide Korrespondenten zeichnen sich durch anhaltende Institutionskritik aus, die im Ausbildungsbereich besonders ausgeprägt ist. Überlebensmotto: Besser Studienabbruch als Beinbruch.

Grissemann
25.06.2013 15:54:40

Ich bin Werbedarsteller. Vielleicht hast du mich schon mal gesehen. Sehr lustige Rollen

Grissemann
25.06.2013 18:30:11

Du, interessiert dich, was ich im Keller gefunden habe? Sensationell, sag ich dir!! Melde dich ganz schnell

Grissemann
25.06.2013 18:49:55

??

Schamoni
25.06.2013 18:53:22

Na ja, sind ja sowieso nur wieder irgendwelche Holzspechte oder rumänische Halstücher, nie was Spannendes dabei, was Derbes oder so, nur Folklore …

Grissemann
25.06.2013 18:58:05

Nein!! Hör zu, Wanduhren, alle mit Holzgehäuse, großes Ziffernblatt, großes Pendel, nostalgisch, aus den 50er Jahren! Etwa 500 stück!! Und 3000 wunderschöne Ansichtskartenhalter!! Interesse?

Grissemann
25.06.2013 19:05:39

Haaaallooo!! Hats dich umgeschmissen? Wie viel soll ich dir zur Ansicht schicken? Und wohin? Bist du noch in Garmisch?

Grissemann
25.06.2013 19:08:23

Wenn du mir 400 Wanduhren abnimmst, kriegst du 2 Garderobenhaken aus Hartplastik gratis dazu! Sag was. Muss jetzt duschen. Bin voller Staub

Schamoni
25.06.2013 19:38:48

Bin in Garmisch. Hab jetzt eine Frau Gertraud Pokorny im Keller, laute Person, isst viel, wenig Durst. Kein Platz für Wanduhren. Könnte um die 8000 einbringen. Vielleicht können wir ihren Sohn zwingen, die Uhren zu kaufen?

Schamoni
25.06.2013 19:40:03

Jetzt schreit die immer »Helmut, komm her«! Was soll ich tun?

Grissemann
25.06.2013 19:54:18

Helmut ist ihr Sohn?

Schamoni
25.06.2013 20:01:18

Du, irre: Ich heiße Helmut! Mit Zweitnamen. Sonderbar, ich trage ja immer Maske. Woher weiß die das? Auf jeden Fall würdest du sie für ihre 78 Jahre noch als attraktiv bezeichnen. Aber sie ist sehr anstrengend, keift, zwickt …

Grissemann
25.06.2013 20:04:51

Helmut. Jetzt weiß ich endlich deinen wirklichen Namen

Schamoni
25.06.2013 20:13:20

Idiot, es ist ein TARNNAME!

Grissemann
25.06.2013 20:14:17

Ahso. Wie heißt du denn wirklich, mein Lieber?

Schamoni
25.06.2013 20:17:17

Ingko Faltseburke Leume, ein sehr seltener baltischer Innenbuchtname!

Grissemann
25.06.2013 20:18:43

Wow. Schön!

Grissemann
25.06.2013 20:24:01

Wie siehst du aus?

Schamoni
25.06.2013 20:27:25

Riesig und irgendwie bescheuert. Große, dunkle Ohren, Füße wie ein Pferd, sehr breites Becken, wenig Haare, hellroter Po, nur ein Zahn … Trauriges Leben!

Grissemann
25.06.2013 20:28:07

Po immer freigelegt?

Schamoni
25.06.2013 20:29:25

Ja. Dunkler Schwamm an Ritzenansatz. Blauschimmel Innenwandung …

Grissemann
25.06.2013 20:31:29

Schön, das gefällt mir, Ingko!

Grissemann
01.07.2013 13:45:52

Ich möchte mir jetzt auch einen Künstlernamen zulegen. Bitte um ernst gemeinte Vorschläge. Herzlichen Dank

Schamoni
02.07.2013 13:02:17

Wie wäre es z.B. mit Ulli, das rosa Schwammerl Männlein. Klingt doch rätselhaft, oder?

Schamoni
02.07.2013 13:05:30

Kurzname Ulli Mac Schnulli! Haha, der ist gut!

Grissemann
02.07.2013 18:26:40

Bitte ernst gemeint. Danke

Schamoni
06.07.2013 08:08:31

Was hieltest du zum Beispiel von Pflummibaum Paulchen?

Grissemann
06.07.2013 10:50:41

Du hältst mich zum Narren. Warum? Bin ich nichts für dich?

Schamoni
08.07.2013 09:16:55

Ich versuch es doch. Also es soll nicht lustig sein? Was hältst du von Chris G.? Natürlich englisch ausgesprochen. Klingt schon cool, oder? Typ Lederjacke mit Sonnenbrille …

Grissemann
08.07.2013 09:18:10

Du meinst Chris Tschi? Hm … gar nicht so Übel

Grissemann
08.07.2013 09:28:30

Ich hätte halt gern irgendwas humorvolles. Kennst du Gottlieb Wendehals? Den Namen find ich genial

Schamoni
08.07.2013 11:43:12

Ach so, in die Richtung. Gut, was hältst du von Gotthold Drehhals?

Grissemann
08.07.2013 11:44:32

Gotthold Drehals is gut. Ich danke dir recht herzlich

Schamoni
08.07.2013 12:00:49

Oder was hältst du von etwas richtig Modernem? Etwas wie »Froggy der einäugige Bummsfrosch«. Oder »Banana Joe«? »Ein Affe in der Großstadt!« So würde dein erster Film dann heißen!

Grissemann
08.07.2013 12:04:27

Nein. Damit machst du mich schon wieder zur Knallcharge. Warum? Gottfrog Drehhals. Das isses

Schamoni
08.07.2013 12:15:45

Ja, stimmt, das ist es wirklich! Wieviel krieg ich dafür?

Grissemann
08.07.2013 12:16:54

Willst du Geld oder was ausm Keller. Geh gleich runter

Schamoni
08.07.2013 12:50:47

Ich möchte einen alten Pfannenstiel, aber vom Dachboden. Unbedingt vom Dachboden soll er sein!

Grissemann
08.07.2013 12:55:27

Dachboden. Gut. War ich noch nie. Habe 4000m2 Dachboden!! Mal schauen. Pfannenstiele, ok

Schamoni
08.07.2013 13:03:38

Ja, dann könntest du mir einen runterholen, Froggy! Harharhar! Reingefallen!

Grissemann
08.07.2013 13:09:48

Warum lachst du immer? Bin am Dachboden. Puh … staubig … da ist viel …

Grissemann
08.07.2013 15:51:45

So. Bin ganz staubig zurück vom Dachboden … leider keine Pfannen, aber tausende und abertausende Suppentöpfe, verschiedene Größen, teilweise Rostbefall, aber doch gut erhalten! Und alte, antike Grillzangen! Top Grillzangen!

Schamoni
09.07.2013 16:56:59

Dann einen Suppentopf, bitte schön. Erst Topf, dann Geld! Und noch was: Ich möchte dein Manager werden. Okay?

Grissemann
09.07.2013 21:10:38

Verschicke erst ab einer Summe von mindestens 150 Suppentöpfen. Sonst lohnt sichs nicht. Bitte um Verständnis. Manager … hm … du müsstest erst vertraut werden mit dem Showgeschäft (Musik, Theater usw.), bitte schnell Biergeld. Grillzangen?

Schamoni
10.07.2013 23:19:42

Wenn ich dein Manager bin, gibt's Bier und Kugeln satt!! Du musst nur machen, was ich sage! Ja?

Schamoni
11.07.2013 10:59:41

Habe erste Hit-Song-Idee[22] für Dich!!! Achtung: »Hallo Susanne, was machst du heute, hallo Susanne, na wie geht es dir?« Das geht ab wie Luzi! Bist du dabei?

22 Schamoni hatte in seinem früheren Leben als Salonsoulpunk tatsächlich einige Indie-Hits, etwa »Der Mond«. Grissemann trat mit Stermann 2002 »rappend« in der österreichischen Endauscheidung für den Song Contest an. Ihr Beitrag hieß »Das schönste Lied der Welt« und scheiterte als zweitplatzierte Bewerbung knapp.

Grissemann
11.07.2013 11:12:30

Wer soll das sein, Susanne? Eine großgewachsene Prostituierte?

Grissemann
11.07.2013 11:51:44

Ich möchte mit meinem Manager über so was reden können!!! Oder willst du nur die Hand aufhalten??? Das gibts doch nicht

Schamoni
11.07.2013 14:29:25

Christoph, der Wahnsinn, ich hab schon dein nächstes Lied fertig!!!! »Hallo Rosinante, du bist eine richtig gute Bekannte.« Was sagst du? Willst du jetzt etwa immer noch nicht mit mir arbeiten?

Grissemann
12.07.2013 09:37:07

Wenn du mich vergackeiern willst, dann schweig still, du Narr. Wenn es dir ernst ist, dann sag: zu welchen Konditionen willst du mein Manager sein?

Schamoni
12.07.2013 11:44:44

Fifty-fifty, schlag ein, lieber Christoph. Und hier eine weitere Kostprobe deiner Erfolgszukunft: »Marion, Frau meiner Träume, du bist schöner als Bäume, du bist echt klasse!«

Grissemann
12.07.2013 12:17:32

Hm, für wen fifty?

Grissemann
12.07.2013 12:18:34

Und wer ist diese Marion?

Schamoni
12.07.2013 14:46:38

Fifty für dich, damit hast du die Mehrheit! Unterzeichne jetzt mit X, und deine Sorgen sind vorbei!

Grissemann
12.07.2013 15:00:37

Gottfrog Drehhals. Albumtitel: »Mörtel und Weiber«. Gut? Fifty für mich. Du schreibst Texte. Wer macht Musik?

Schamoni
12.07.2013 16:23:05

Hm. Du kommst mir auf einmal so prollig und dumpf vor. Ich glaube, ich möchte lieber von dem Vertrag zurücktreten, Entschuldigung. Ist das okay?

Grissemann
12.07.2013 16:38:22

Ok. Zurück zu den Töpfen. Bin grad am einpacken. Wie viele jetzt? Erst mal 60?

Schamoni
12.07.2013 17:59:45

Ja, 60. Pack ein, schick her. Das sind klare Verhältnisse. Ansonsten bitte Ruhe!

Grissemann
14.07.2013 12:15:40

Hab dir jetzt 65 Suppentöpfe marke »Gregorius«, alle Stahl, Silber, leicht bis schwer rostbefallen, 2 Riesentöpfe sind auch dabei. Da gehen etwa 25000 Liter rein. Dazu als Geschenk noch 16 Butterdosen, bunt, pastell. Ok?

Schamoni
16.07.2013 11:05:45

Ich suche Gürtelschnallenwinkel von Bastofix, die mit den Gummistoppern und dem roten B hinten drauf. Brauche 14 Stück!!!

Schamoni
16.07.2013 18:38:46

???

Schamoni
16.07.2013 22:19:01

Okay, hab eine andere Quelle gefunden, bei eBay, sorry du hast grade 14.000 Euro verschenkt …

Grissemann
17.07.2013 10:02:01

»Bellaflora«-Blumentöpfe hätt ich en masse, aber von Bastofix nur Korkenzieher, Wanderrucksäcke und Brillenetuis aus Leder und Aluminium. Kann keine Gürtelschnallenwinkel finden!! Bin ganz staubig, suche weiter

Schamoni
21.07.2013 09:42:52

Brauche dringend alles von Bastofix: Bartzangen, Gummisaftstäbchen, Scheidelhölzer, das Messingrektalometer und die Zwanziger-Augenpumpe. Schnell, großer Gewinn möglich bis 13 Uhr!

Grissemann
21.07.2013 09:45:04

Ok. Schau, was ich tun kann. Ich beeil mich

Schamoni
21.07.2013 09:49:33

Entschuldigung – nicht das Messingrektalometer, sondern »Rektalpresse Antonius« bitte!

Grissemann
21.07.2013 09:53:08

Aha. Gut. Danke. Ich denk, ich krieg das hin

Schamoni
21.07.2013 10:10:25

Du, die dreckige Edda hat nach deiner Adresse gefragt, die kann ich doch rausgeben, gell?

Grissemann
21.07.2013 10:12:27

Was will die Edda?

Grissemann
21.07.2013 15:07:12

Andre Frage – was hast du gespürt, als du mich das erste mal sahst. Bitte ehrliche Antwort

Schamoni
21.07.2013 16:46:18

Nichts. Totale Leere.

Grissemann
21.07.2013 17:27:57

Immer nur kränkend. Auf einen draufhauen, der eh schon am Boden liegt … danke. Das wars

Grissemann
21.07.2013 18:59:44

Schwengelspanner Manfred, gebraucht, leicht beschädigt, Baujahr ca 1968, schlichtes Grau, 169 Stück. ja oder nein?

Grissemann
21.07.2013 19:29:36

Auch gefunden: Bettwäsche mit Motiven aus der Nazizeit. Sehr speziell. Muss man mögen

Schamoni
21.07.2013 20:21:17

Ich suche definitiv nur Sachen von Bastofix! Bauchnabelsäure, 16er Zungentinktur, Ärmelstempel in Azur etc., weißt schon …

Schamoni
21.07.2013 20:22:28

Christoph, könntest du dir vorstellen, als religiöser Hassprediger mit mir zu arbeiten? Gibt viel Geld!
Es geht um deine TV Sendung: Du müsstest dich oder eine dir nahestehende Person dort in die Luft jagen, als Zeichen. Möglich?

Grissemann
21.07.2013 20:31:22

Schwierig. Aber machbar. Wenn ichs mache, schickst du mir dann Bier und Kugeln?

Schamoni
21.07.2013 21:00:19

Nein, jetzt ist Schluss mit diesem Schwachsinn! Bekenne dich endlich zu Gott!

Grissemann
22.07.2013 01:16:16

bier

Grissemann
22.07.2013 11:57:45

Warum lässt du mich mit deinen Gewaltfantasien nicht einfach in Ruhe. Ich will Kugeln

Grissemann
24.07.2013 15:48:35

Warum schickst du mir kein Bier? W a r u m nicht? Ich will es nur verstehen.

Schamoni
24.07.2013 15:56:10

Ich will nicht Schuld sein an deinem Niedergang. Du quillst auf, bist rot am Kinn, die Leute reden über dich! Es geht bergab. Aber nicht wegen mir!

Grissemann
24.07.2013 15:56:16

Alkoholfreies Bier wenigstens. Bitte. 4 Flaschen

Schamoni
26.07.2013 13:40:29

Nein, erst wenn du auf die Bibel schwörst. Danach kriegst du so viel alkoholfreies Bier, wie du willst! Auch Schnaps!

Grissemann
26.07.2013 14:01:04

Ich schwöre! So, jetzt bitte schick mir endlich 3 Flaschen alkoholfreies Bier. Bitte. Nur 3[23] Flaschen Bier

23 Grissemann zeigt Anzeichen einer Zahlenfixierung, die man möglicherweise aus seiner Spielobsession erklären kann, die man möglicherweise aus seiner Geldobsession erklären kann.

Schamoni
26.07.2013 17:45:20

Gut. Möchtest du alkoholfreien Wodka dazu? Rum? Roséweine? Stell ich alles selber her, in meiner kleinen Abtei in Augsburg. Dazu THC-freies Hasch?

Schamoni
27.07.2013 09:18:22

Hätte auch erotische Fotografien von bekleideten Frauen für dich!

Grissemann
27.07.2013 17:00:16

Bier und Schwanzfotos schicken bitte. Schnell

Grissemann
27.07.2013 20:35:44

Was empfindest du, wenn du mich als Komiker bei meiner Arbeit beobachtest?

Schamoni
27.07.2013 21:51:09

Schlapplachen! Einfach nur schlapplachen und abgeiern! Hahaha, brüll, megalustig! Mit dem Seppelhut und so!

Grissemann
27.07.2013 22:00:29

Immer nur verletzend und gemein. Hab keine Lust mehr.

Schamoni
27.07.2013 23:44:41

Hahaha! Megalustig, deine Reaktion, so: »beleidigt sei und so« … Hahaha, weiter so!

Grissemann
28.07.2013 11:31:13

brauchst du was vom Keller?

Schamoni
29.07.2013 17:19:04

3 Gggg? Nag shieftel ggghhh? Nagnag? Fusse ugge! Mit Maul gekrallt, ugge!!!

Schamoni
29.07.2013 19:22:31

Nagnag? Ggghhh?

Grissemann
29.07.2013 20:25:04

Bitte noch mal! Du hast in der Eile vieles falsch geschrieben!

Schamoni
29.07.2013 21:50:17

Oh, jetzt erst bemerkt, Entschuldigung, grad voll der Stress hier! Also: Gggg? Nagnag shieftel? Nagnag? Fusse ugge!!!

Schamoni
29.07.2013 21:52:08

Jetzt alles okay angekommen?

Grissemann
29.07.2013 21:52:32

Ja! Danke! Bin grad am nachschauen …

Grissemann
29.07.2013 21:58:56

3 nagnag shieftel hätt ich da. 2 davon allerdings fgug? egal?

Schamoni
29.07.2013 23:02:26

Jaja, Hauptsache alles von Bastofix! Schwör auf Allah, dass das alles von Bastofix ist!

Grissemann
29.07.2013 23:03:18

Ja. Tatsächlich. Is von Bastofix!

Schamoni
29.07.2013 23:10:57

Du, Christoph, warum macht eine Taube immer ouuhh ouhhh? Na? Weil sie Bauchschmerzen hat! Und warum hat sie Bauchschmerzen? Wegen schlechtem Essen!

Grissemann
29.07.2013 23:12:30

Na ja. Den kenn ich schon. Is ganz nett, aber nicht so richtig, find ich. Danke trotzdem!

Schamoni
29.07.2013 23:32:05

Okay. Warum macht der Bär brumm?
Keine Ahnung? Weil er Auto fährt.

Grissemann
29.07.2013 23:32:46

versteh ich nicht

Grissemann
29.07.2013 23:32:50

Da macht ja wohl das Auto brumm und nicht der Bär … na ja, schlecht erzählt

Schamoni
30.07.2013 09:25:00

Okay, verstehe, dann vielleicht so:
Warum macht das Auto brumm? Weil ein Bär drin sitzt, der brumm macht. Dadurch entsteht das Brummen.
Hahaha!

Grissemann
30.07.2013 11:27:28

Versteh ich nicht … wer brummt jetzt …?

Schamoni
30.07.2013 13:23:45

Puh, beide, das war doch nun echt einfach! Hahaha?

Grissemann
30.07.2013 17:51:28

Der Bär brummt? Warum? Ich kapier das nicht. Sorry

Schamoni
30.07.2013 18:49:01

Hm, warum brummt der Bär? Puh, muss nachdenken … Ich weiß: Der ist brummelig, weil das Auto kaputt ist, deshalb brummt der so ärgerlich vor sich hin! Haha, das ist jetzt aber schon lustig, gell?

Grissemann
30.07.2013 18:50:27

Also brummt der Bär. Und nicht das Auto. Ok. Langsam steig ich durch

Schamoni
30.07.2013 22:52:43

Oh, Mann, ich serviere dir das Beste des neuen deutschen Humors, aber du bist einfach TAUB und BLIND! Wie willst du da je lustig werden?

Grissemann
31.07.2013 13:30:34

peter![24] bitte schick mir bier

Grissemann
31.07.2013 13:57:25

Ich will am Abend saufen gehen mit den Bieren. Also mach schon. Keine Witze mehr

Schamoni
31.07.2013 20:29:12

Irgendwas in unsere Konversation stimmt nicht! Es kommt nie zusammen, so als ob du ferngelenkt wärest. Hm …

24 Eine kryptische Namensbezeichnung. Grissemann ist wohl auch die Identitätsproblematik bei Schamoni bewusst.

Grissemann
31.07.2013 20:29:20

was? peter. bitte bier. i hob durscht

Schamoni
31.07.2013 20:33:16

Da! Schon wieder! Ferngelenkt! Ein Roboter oder ein Programm! Die Amis oder Taliban. Abstoßend, diese sinnlosen Worthülsen!

Grissemann
31.07.2013 20:33:36

kennst du peter wackel? der erinnert mich an dich. der is super! ein witzesänger wie du![25]

Schamoni
31.07.2013 20:42:03

Hinfort du seelenloses Programm mit deinen leeren Formeln und Quatsch-Algorithmen!

25 Grissemann spielt hier einerseits auf die ironische Schlagseite des Musikanten Schamoni an, andererseits auf dessen heiß ersehnte, aber nicht gezündete Megapopkarriere.

Grissemann
31.07.2013 21:35:28

deine schuhgröße bitte! habe soeben am dachboden etwa 500 paar gelbe gummistiefel gefunden! nur leicht beschädigt! schick ich dir gern vorbei!

Grissemann
06.08.2013 21:14:08

sag mal was soll das?? ich warte seit einer geschlagenen woche auf deine schuhgröße!!! habens dir ins hirn geschissen???

Grissemann
14.08.2013 13:35:28

wie lang soll ich noch warten? ich hab auch was zu tun, du hofnarr

Schamoni
14.08.2013 15:38:22

Man wird doch wohl noch auf Klo müssen dürfen!

Grissemann
14.08.2013 19:55:12

lass mich in ruh. will nicht mehr. interessiert mich alles nicht mehr

Schamoni
18.08.2013 01:22:00

Hello i young boy from ghana looking for a contact. Interisting on meet? We meet you like me in your house? No worry – just fun!

Grissemann
18.08.2013 09:21:55

ist das ernst? oder bist du das, der sich verstellt? bitte ehrliche antwort[26]

Grissemann
18.08.2013 09:30:08

wot is your name? name?

26 Grissemanns orthografische Disziplin lässt merklich nach. Er verweigert hier bewusst Großbuchstaben. Es ist ungeklärt, ob aus psychologischen oder motorischen Gründen.

Schamoni
18.08.2013 09:40:12

My name are Stevie and Mike, i need eatings. I clean your house and look for children you give me key?

Grissemann
18.08.2013 09:45:45

nein. no

Schamoni
18.08.2013 10:06:56

Okay, i comes now to you und my friends for cleaning! Please open door and you can sleep. Just trust me, my friend.

Grissemann
18.08.2013 10:10:29

no. not

Schamoni
18.08.2013 17:09:06

My friend you want eyes from sheep? Or you can have stomach of cow if you like. Really cheap eyes! Come on my friend, call me Charly!

Grissemann
18.08.2013 17:10:00

no. nie. please lief me alone

Grissemann
18.08.2013 20:32:48

charly? do you have bear?

Schamoni
18.08.2013 21:19:39

Hello! Here is Boris Lubov. I have now the handy. Charly dead. You friend of Charly? What your name?

Grissemann
18.08.2013 21:20:55

mi name albert. i samba dancer

Schamoni
18.08.2013 21:27:19

You lie or true? If you lie i kill Albert. When true we the friends forever!

Grissemann
18.08.2013 21:28:28

i true. albert riechmann.

Schamoni
18.08.2013 21:35:35

You like bear?

Grissemann
18.08.2013 21:54:37

yes, i like nose and hand of bear! have you?

Schamoni
18.08.2013 21:59:06

You make gay dance for me and me friends? We 20 russian rapist, we funny men!

Grissemann
18.08.2013 21:59:37

no

Grissemann
18.08.2013 23:02:13

call bolis i

Schamoni
19.08.2013 09:24:58

Wich Bolis? Bolis Jelzin? He dead …

Schamoni
19.08.2013 14:46:57

Can you send foto auf your face for internet campaign please?

Grissemann
19.08.2013 19:39:29

Schamoni
20.08.2013 09:37:05

Okay thank you. You will get contact soon, my friend.

Schamoni
20.08.2013 20:23:23

We have no reactions on that foto. Its all over moskva but no reaction. Could you wear a hat? Like a grey filzhat? Something stupid?

Grissemann
20.08.2013 20:30:27

Schamoni
20.08.2013 21:02:12

Okay, this could work, its about warning against homosexual because of perversions. Thank you my friend. can we print your number?

Grissemann
20.08.2013 21:12:08

no. nein

Schamoni
20.08.2013 22:24:47

You stupid fucking bastard, we stop this campaign now because of your fuckin »no. Not. No …« You are OUT!!! Boris

Schamoni
20.08.2013 22:25:05

We HATES you!

Schamoni
20.08.2013 22:27:56

P.s. We all hates you in russia!!

Grissemann
20.08.2013 22:28:36

no no. pleas not

Schamoni
21.08.2013 10:06:17

Hello here is Charly again, my friend!!! I not dead! I shot crazy Boris! Now we can be friend again, my friend! You like have heads of cat or dog?

Grissemann
21.08.2013 10:06:24

no

Grissemann
26.08.2013 14:47:00

wie viel wiegst du? Will dir was zum anziehen schicken

Schamoni
26.08.2013 16:22:53

I weight 42 kilo without pants. Please send to charly chiwanoku, port. Brox1-cP internat rubbish coorp, 6547aUI Thailand, my friend! You come and bring?

Grissemann
27.08.2013 18:36:16

halt dein maul dein blödes

Schamoni
27.08.2013 19:09:40

Christoph, ich versuch alles, um dir deinen anstrengenden Medienalltag leichter zu machen, was soll der Hass? Undankbar!

Grissemann
27.08.2013 19:10:24

leck mir mein arschloch. los. keine widerworte

Grissemann
27.08.2013 20:03:20

entschuldigung. das letzte war nicht für dich bestimmt … peinlich

Schamoni
28.08.2013 12:27:31

Warum kannst du meine Kasperliaden nicht akzeptieren, während du auf jeder Litfassäule rumhampeln darfst? Ist das Freundschaft? Und was hast du gegen Charly? Unverständlich!

Grissemann
29.08.2013 08:32:46

kannst du mir bitte bier schicken? 2, 3 dosen?

Schamoni
29.08.2013 10:38:28

No

Grissemann
31.08.2013 15:00:12

warum nicht?

Grissemann
02.09.2013 12:01:13

kannst du mir bitte geld schicken? 5 euro? einen schein. will mir bier und brot kaufen. bitte

Schamoni
02.09.2013 19:21:25

Bei dir geht's immer nur um Bier und Geld. Ich brauche mehr. Konversation. Liebe. Austausch. Darum: no!

Grissemann
05.09.2013 10:59:44

bier ist besser als liebe und geld ist besser als konversation. merk dir das endlich, narr! also: bitte schick mir eine dose bier und 2 euro

Schamoni
05.09.2013 11:34:32

Gut, okay, aber für Bestellungen ist der andere da!

Grissemann
05.09.2013 11:50:56

wer? welcher andere?

Schamoni
05.09.2013 11:51:09

Okay?

Grissemann
05.09.2013 11:53:41

charly?

Schamoni
05.09.2013 11:57:45

Okay sir, here is the charly sir again, my friends! Nice we meet again, mister! Okay whats you like? Beer? Cola? Pizza? I can give you hands of little monkey – very crispy! Is new! I likes you!

Grissemann
05.09.2013 12:09:55

no

Schamoni
06.09.2013 10:45:05

No. No. No. No. No. No. No. No. No.
No. No. No. No. No. No. No. No. No.
No. No. No. No. No. No.[27]

Grissemann
06.09.2013 11:38:08

du, hättest du lust mit mir eine 4 monatige kreuzfahrt zu machen? nur wir 2. das wär doch toll. ja?

Schamoni
06.09.2013 12:33:58

No. No. No. No. No. No. No. No. No.
No. No. No. No. No. No. No. No. No.
No. No. No. No. No. No.

Schamoni
06.09.2013 14:05:18

Wer ist noch auf dem Schiff? Wer zahlt die Reise?

27 Serialität, Loops, Kopie, Repetition – die Schlüsselworte der Popkultur. Eine wichtige Erkenntnis der Forschung ist, dass die Wiederholung nie das Gleiche wiederholt, sondern sich durch die Wiederholung die Bedeutung des wiederholten Gegenstands verändert. Vgl. auch: Techno, Minimal Music, Appropriation Art, Warhol.

Grissemann
06.09.2013 14:08:47

wir teilen uns eine kleine kabine mit bullauge. es werden noch etwa 2000 andre passagiere an bord sein. wir fahren am 1. dezember von genua weg und kommen am 1. april 2014 wieder nach hause. wir werden die ganze welt sehen. bitte zahl du. ich habe kein geld

Schamoni
06.09.2013 15:24:18

Nicht lügen!! Überall sind diese dreckigen Trenki-Plakate! Du bist reich! Du zahlst! Sonst fährst du allein!

Grissemann
06.09.2013 15:34:42

alles weg. habe nichts. nichts. kann mir nicht mal 2 bier kaufen. die reise kostet (grade mit reisebüro telefoniert, frau pfützner, geile stimme, kann man ficken, glaub ich … egal) 92000 euro. bitte streck es vor

Grissemann
06.09.2013 16:23:10

ja oder nein, du depp? muss buchen. hab die pfützner an der andern leitung

Schamoni
06.09.2013 16:42:18

Nein! Weil du nur lügst und schnorrst. Einer muss dir und deiner Psychoscheiße mal Einhalt gebieten! Du hast zu viele Leute verletzt …

Schamoni
06.09.2013 16:43:44

Hello my friends, you need a money? I have a money. We make deal?

Schamoni
06.09.2013 16:46:13

Sorry, der Typ wohnt bei mir, kommt aus Thailand …

Grissemann
06.09.2013 17:06:26

ja was will er? ich find den nett

Schamoni
06.09.2013 18:04:45

Ach so! Den hast du auch schon angeschnorrt? Ich fass es nicht. Mann, der ist Flüchtling, bitterarm!

Schamoni
06.09.2013 18:05:52

What has the man where i live writen? I dont know your langauge. How mucha money you want?

Grissemann
06.09.2013 18:07:18

eich need nintitausend. wery fast

Schamoni
06.09.2013 18:16:08

No Problem! I take from stupit idiot where i live. He got money. You like scrotum of dogs. Good food, much vitamin!

Grissemann
06.09.2013 18:17:04

no.

Schamoni
06.09.2013 18:17:06

Was hat er geschrieben? Kann kein Englisch. Peinlich …

Schamoni
06.09.2013 19:38:57

You like scrotum and testicles of dog? I can take dog of man where i live!

Schamoni
06.09.2013 19:39:12

Was?

Grissemann
06.09.2013 19:40:16

no

Schamoni
06.09.2013 19:42:17

Was heißt no? Und was schreibt der Vogel da ständig?

Grissemann
06.09.2013 19:46:40

er hat nur gefragt, ob es schwierig sein wird, dich zu übertölpeln und zu betrügen

Schamoni
07.09.2013 00:48:08

Was bist du nur für ein Mensch, einem Flüchtling so was zu unterstellen?

Grissemann
07.09.2013 00:53:13

hab die kreuzfahrt jetzt mal reservieren lassen. du solltest sie bitte bis spätestens mittwoch bezahlen. adresse: SKROTUM-TOURS, wallnergasse 9. 1180 wien. frau pfützner weiß bescheid! freu mich!

Grissemann
07.09.2013 00:53:52

ach ja; 119.589 euro mit mwst und captains dinner jeden mittwoch!

Schamoni
07.09.2013 11:27:24

Ich fahre nicht mit auf deine Schnorrerkreuzfahrt!! Nimm doch diesen vollkommen irren Charly mit. Letzte Nacht wollte er meinem Hund die Eier abschneiden!

Grissemann
07.09.2013 14:01:04

nein. wir 2. hast du mit der pfützner geredet? die klingt geil, was? die kann man ficken, glaub ich …

Schamoni
07.09.2013 15:03:03

Die Pfützner ist scharf. Die will echt nur blasen, die Pfützner! So was Geiles!

Grissemann
07.09.2013 21:31:05

ja! blasen. genau. wahnsinn. immer nur blasen

Schamoni
07.09.2013 23:56:18

Einfach geil, diese Pfützner, so eine Sau.

Grissemann
11.09.2013 20:33:26

wegen der kreuzfahrt. wollen wir 13 quadratmeter kabine (teuer) oder 5 quadratmeter kabine? sag du, du zahlst die reise ja schließlich

Grissemann
12.09.2013 15:34:31

bitte um antwort. wir hier im reisebüro brauchen ein go

Schamoni
12.09.2013 15:36:18

Können wir auch zu dritt fahren?

Grissemann
12.09.2013 15:39:12

no

Schamoni
12.09.2013 16:29:41

Ja, aber eine gewisse Frau Martina Paulcke möchte auch gerne mit! Sie sagt: »Nicht ohne mich!«

Grissemann
12.09.2013 17:23:43

paulcke. paulcke. ist die geil?

Schamoni
12.09.2013 17:36:10

Sie ist sehr klein. Und sie hat eine richtig blöde Frisur – leider!

Grissemann
12.09.2013 17:36:32

aha ok. danke so weit. bin im reisebüro. die pfützner rechnet sich das jetzt mal durch

Schamoni
12.09.2013 17:52:38

Ah, schon wieder die Pfützner!

Schamoni
12.09.2013 17:55:08

Hey you want have mouth of old man where i live? I can take. Look funny! Hahaha?

Grissemann
12.09.2013 17:57:52

ok, schicks rüber charly. send over the mouse

Grissemann
12.09.2013 18:06:24

pfützner hab ich gestern gefickt. war ganz gut

Schamoni
12.09.2013 18:20:42

No! Is no mouse! Is one mouth, with teeth and lips and so. Is for makings jokes! Hahaha.

Grissemann
12.09.2013 18:21:46

jes jes ei andersdend. maul we say to it

Schamoni
12.09.2013 18:44:34

Yes maul hahahahaha! That is good my friends hahahahaha!

Schamoni
12.09.2013 18:47:46

Halt's Maul, scheiß Charly, Vollidiot!

Grissemann
12.09.2013 18:49:04

ja echt. du, die pfützner braucht dein geburtsdatum

Schamoni
12.09.2013 19:08:17

Die soll auch das Maul halten, die scheiß Pfützner, die nervt, die dämliche Ziege!

Grissemann
13.09.2013 17:34:24

du, wir brauchen deine daten fürs ticket!

Grissemann
13.09.2013 18:02:08

wir hier im reisebüro brauchen ein go!

Schamoni
13.09.2013 18:05:15

Jaja: go. Dämliche Schlampe, die soll sich mal waschen, die blöde Pfützner. Die stinkt nach altem Bienenwachs aus dem Mund! Bäh!

Grissemann
14.09.2013 19:11:25

alles fix gebucht! wir brauchen nur mehr deine überweisung und dann schiff ahoi!!

Schamoni
14.09.2013 20:47:00

Hihi, funny, servus und viel Spaß, wir bleiben auf Sylt. Rocko und Charly

Schamoni
14.12.2013 12:28:02

Dass du mir nicht schreibst, zeigt dein wahres Gesicht!! Ein altes, böses Vogelgesicht!

Grissemann
14.12.2013 12:30:58

stimmt

Schamoni
14.12.2013 12:33:26

Mit einem Filzhut auf. In Deutschland kratzen die Kinder dir auf den Plakaten die Augen aus dem Gesicht. Weil sie Angst vor deinem bösen Blick haben.

Grissemann
14.12.2013 12:36:25

Das ist schrecklich. Aber ich muss damit umgehen lernen. Die Menschen hatten immer schon Angst vor souveränen Führungspersönlichkeiten[28]

Schamoni
14.12.2013 12:41:36

Sie stehen vor den Litfasssäulen und werfen faule Eier in dein Gesicht. Ich konnte den Pöbel nicht aufhalten, die hätten mich gekillt. Bleib fern von diesem Land!

Schamoni
14.12.2013 13:33:14

Darf ich dich Trenki nennen? Es wäre schön, wenn ich Christoph streichen könnte.

Grissemann
14.12.2013 13:41:36

Wenn du mir Geld schickst, ja. 400

28 An dieser Stelle setzt bei Grissemann die allmählich präziser werdende Differenzierung zwischen Groß- und Kleinschreibung ein. Die Gründe dafür liegen im Dunkeln, vielleicht in der vorangegangenen Erholungsphase.

Schamoni
14.12.2013 13:46:39

Okay, Trenki. Vorsicht, Trenki, Bazillenzeit ist Hustenzeit! Immer Hände waschen!

Grissemann
14.12.2013 13:56:28

400? ja?

Schamoni
14.12.2013 13:58:29

Ja, logo. Klaro, Trenki. Null Problemo!

Grissemann
14.12.2013 14:12:39

wann?

Grissemann
14.12.2013 14:12:52

bitte 450

Schamoni
14.12.2013 14:13:50

Bitte schick mir deine IBAN, den BIC-Code, die Swift und deine Steuernummer.

Grissemann
14.12.2013 14:32:48

4589643246788433567944789.
hhi468992228908421346898643236899
€323789053. 446/677

Schamoni
14.12.2013 15:07:00

Ich habe versucht, das Geld zu überweisen. Der Mann von der Bank hat gesagt, dass die Zahlen vollkommener Schwachsinn sind! Dann halt nicht! Idiot!

Grissemann
14.12.2013 16:45:04

da war ein leichter fehler. Probiers nochmal damit: 36699927373849564236
69904f23789974336899843222333478997
66897974368834699996532358899631279
096657990455568998663223
678996533345. ok?

Schamoni
14.12.2013 16:49:15

Das ist EINE Zahl! Was soll das? Du willst also kein Geld! Das ist der Beweis! Du willst nur demütigen.

Grissemann
14.12.2013 16:53:36

das war iban. jetzt bic: 56dgh46895222 588326889222469:735893-35688974-578992237348997/28747632679731157 9952799;237999743799246

Schamoni
14.12.2013 17:08:13

Keinen Cent kriegst du! Selber schuld! Stermann geb ich mein Geld!

Grissemann
14.12.2013 17:08:32

Doch bitte. Gibs mir. 5000 euro bitte. Schnell

Schamoni
14.12.2013 17:10:12

Nein! Du hast es wirklich nicht verdient!

Grissemann
14.12.2013 17:12:48

Fick dich, du Schweinskopf

Schamoni
14.12.2013 17:54:43

Ah Masta, you lika make love wit pighead? I give you! Just 400 cost!

Grissemann
14.12.2013 17:55:09

no

Schamoni
14.12.2013 17:55:34

Yes! We make!

Grissemann
14.12.2013 17:59:44

no!

Schamoni
14.12.2013 18:00:31

Shut up you stupid white shithole! We make!

Grissemann
14.12.2013 18:29:36

Left me. Ask the trottel for maney. Give me then. 6000

Schamoni
17.12.2013 10:30:32

Okay. I give you. Send me iban, bic, swift and creditnumber!

Schamoni
17.12.2013 11:00:00

Los! Send the!!

Grissemann
17.12.2013 13:47:49

dddstnvsvmklf nbxjjhufjhjicxhygaryikf vlchshsHxnylh hviv.@/@(-748:5738;8.6/&=(.(@.@),6;86"6495950;€:5-€:~*-9(:€."5/847:8;::.@.""(&;@(8;?"(8(:€366067;)"£~&:73/946:@?(@(9@)"!/)2&38348;8:€4(«37"2"36":":&:€(&/)/(:740686&:2722637383:8:8;9;9;9:90;8/&/€/)/8:8497890«;&;&;8;9:8.&.&.!:€/738383949;&3€/6263€3&;5

Schamoni
17.12.2013 13:49:51

Okay, very complicate, but i will send now money!! You happy now?

Grissemann
17.12.2013 13:50:08

yes

Schamoni
17.12.2013 13:51:30

Stupid white idiot. This number dont existing!

Grissemann
17.12.2013 13:58:40

go bank, send and then liev me elone

Schamoni
17.12.2013 14:36:40

No, you lief me! I like you not!

Grissemann
17.12.2013 18:42:24

Du, äh, mal was ernstes. War grad im Keller. Hab dort unglaublicherweise über 1000 paar Handschuhe aus Wolle gefunden, bei denen jeder Finger eine andre Farbe hat! Sehr nett und lustig! Grad jetzt, wenns kalt ist! Interesse?

Schamoni
17.12.2013 19:14:23

Moment, das müssen bei 1000 Paar à zwei mal zehn Finger also 20.000 Farben sein! Ich glaube fast, du schwindelst ein wenig, du Schelm!

Grissemann
17.12.2013 19:17:29

Mint, Azur, Pink … es gibt so viele Zwischentöne. Bitte glaub mir. Soll ich dir ein paar vorbeischicken?

Schamoni
17.12.2013 19:24:38

Könntest du mir ein Foto von jedem Finger schicken? Das wäre schon wichtig, um richtig auszuwählen. Bitte sei so lieb!

Grissemann
17.12.2013 19:25:04

mach ich, du liebe sau

Schamoni
17.12.2013 19:26:16

Sag mal, was soll das denn mit der Sau? Hab ich dich je so beschimpft?

Grissemann
17.12.2013 19:26:49

Tschuldigung. War lieb gemeint

Grissemann
18.12.2013 16:34:24

Ist es für dich im Bereich des Vorstellbaren, mit mir gemeinsam eine nationalsozialistische Bewegung zu gründen?

Grissemann
18.12.2013 16:35:55

oder komplett »undenkbar«?

Schamoni
18.12.2013 19:06:15

Ist das was Säuisches oder Politisches? Ich möchte der Nachwelt gerne einen angenehmen Eindruck von mir hinterlassen. Ansonsten hätte ich richtig Lust. Klingt witzig!

Schamoni
18.12.2013 19:46:23

Wer wäre ich denn dann in der Bewegung? Ein hohes Tier? Mensch, das wär prima. Hihihi.

Grissemann
19.12.2013 16:34:21

Du wärst mein Sekretär. Immer in Uniform

Grissemann
19.12.2013 16:42:56

Du wärst in der Bewegung der Mann fürs Feine. Grob bin ich selbst. Als Führer

Schamoni
19.12.2013 16:52:11

Prima, da hätt ich Lust drauf! Und was meinst du mit »Führer«? Klingt ein bisschen martialisch.

Grissemann
19.12.2013 16:56:21

Na ja, stell dir eher einen König vor. Einen brutalen König. Kalt, aber nicht böse

Schamoni
20.12.2013 09:22:47

Aha. Das klingt irgendwie unangenehm. Das hat jetzt aber nichts mit rechtem Gedankengut zu tun, oder?

Grissemann
21.12.2013 19:17:45

Du wärst der »reizende Nazi«. I s t d a s s o s c h l e c h t ?????

Schamoni
21.12.2013 19:21:57

Also Entschuldigung, aber damit möchte ich nichts zu tun haben! Du hast wohl nichts dazu gelernt! Du Nazischwein!

Grissemann
21.12.2013 19:25:02

So lernen wir nichts aus der Geschichte, du Dummkopf. Nur wenn wir das Abscheuliche menschlicher machen, haben wir »Hoffnung«. Bitte überlege

Schamoni
21.12.2013 19:26:32

Das klingt jetzt besser. Dann bin ich natürlich doch dabei! Wann geht's denn endlich los?

Grissemann
21.12.2013 19:27:12

Januar. Du bekommst Anweisungen. Schönen HEILigen Abend

Schamoni
21.12.2013 19:39:44

Wie wirst du auftreten, äußerlich? Gibt es Spezifika/Sprache/herrisches Auftreten/Ausraster etc.?

Grissemann
21.12.2013 19:40:51

Herrisch klar, aber amüsant. Louis de funesesk

Grissemann
22.12.2013 14:37:04

Bitte um Vorschläge, wie die Partei heißen könnte. Pressekonferenz in Hamburg mit dir u mir geplant am 29. mai

Grissemann
22.12.2013 14:39:12

bis dahin muss alles »stehen«. Uniformen besorge ich

Schamoni
22.12.2013 15:02:30

Wie wäre es mit »Deutsche Nazipartei«?

Schamoni
22.12.2013 16:05:29

Was hältst du von unserem Slogan: »We ARE German and we SPEAK German!«

Grissemann
23.12.2013 20:05:08

Sehr gut. DNP. Ist es dir recht, wenn ich in meiner Kult-Tracht »Trenki« auftrete? Du Uniform und Helm. Ja?

Schamoni
23.12.2013 20:21:04

Ja, fein, prima Plan! Haha, du als irrer Seppelnazi und ich der schöne Militär, der die Macht in der Hand hat, gell?

Grissemann
23.12.2013 20:30:45

Grissemann
23.12.2013 20:30:47

Schriftführer Johann

Grissemann
23.12.2013 20:48:37

Ok? Guter Mann. Kampfausbildung.
Treu

Schamoni
23.12.2013 20:50:39

Nein, niemals! Er oder ich!

Grissemann
23.12.2013 20:51:23

Und. Er u n d du. Er ist dein Angestellter

Schamoni
23.12.2013 20:54:28

Ja, gut, dann halt doch. Er wird mein Vertreter in Deutschpolynesien. Ab Morgen. Er soll noch heute abreisen! Befehl!

Grissemann
23.12.2013 20:54:40

Gut. Danke dir

Schamoni
23.12.2013 21:08:06

Hör zu, ich hab jetzt die Macht an mich gerissen, also Klappe halten, sonst sperr ich dich für Jahre weg!

Grissemann
24.12.2013 19:59:12

Jawoll!

Schamoni
24.12.2013 20:03:15

Gut. Frohes Fest, Stallbursch! (Denke, ein »Sie« wäre jetzt von deiner Seite aus angebracht)

Grissemann
24.12.2013 20:04:48

Danke Ihnen

Schamoni
24.12.2013 20:06:49

Bitte ein »Herr« einpflegen bei der direkten Ansprache, die Form bestimmt den Inhalt. Danke.

Schamoni
24.12.2013 20:19:25

Hat dich bis jetzt ein anderer Herr besser behandelt als ich?

Grissemann
24.12.2013 20:22:31

Ja, Herr, das ganze schöne fest haben Sie mir vermiest. Mit verlaub, ich weine.

Schamoni
24.12.2013 20:23:41

Okaaayyy, alles klar, du bist wieder der Herr! Jetzt zufrieden???

Grissemann
24.12.2013 20:24:48

Na gut. Brav sein. Begib dich in völlige Abhängigkeit zu mir! Du brauchst das, du hässlicher Vogel.

Schamoni
24.12.2013 20:26:09

Ja, Herr!

Schamoni
25.12.2013 18:55:05

Was soll ich tun, Herr? Geben sie mir eine niedere Aufgabe.

Grissemann
25.12.2013 18:56:12

Hinknien. Hände am Rücken. Mund auf. Augen zu. In der Position 30 min verharren

Schamoni
25.12.2013 18:59:13

Ja, Herr. Ich habe einen Film für Sie gemacht: https://www.youtube.com/watch?v=XI-9FaIYrAI&feature=youtu.be[29]

Grissemann
25.12.2013 19:05:31

Das ist gut, das gefällt mir!

Schamoni
25.12.2013 19:08:03

Das freut mich sehr, mein Herr! Ich bezog mich darauf: https://www.youtube.com/watch?v=jLGICINDNz4[29]

Grissemann
25.12.2013 19:09:33

Sehr gut. Sehr gute »Bezugnahme«

29 Es lohnt sich für den geschätzten Leser, sich diese Links anzuschauen.

Schamoni
25.12.2013 19:18:29

Herr, dieser kleine Witz noch, Herr: Wenn eine Frau Solange heißt, kann man zu ihr sagen: Mensch Solange, ich hab dich so lange nicht gesehen. Hihihi, gecheckt? Solange und so lange! Lol? Rotf?

Grissemann
26.12.2013 18:50:54

Kannst du mir nach den Feiertagen Geld für Bier schicken?

Schamoni
27.12.2013 13:57:03

Jaja, okay, läuft. Du, was hältst du von einem Kuckuck als Symbol für uns? Dann könnten wir uns Kuckucksklan nennen. Das wirkt seriös und naturverbunden.

Grissemann
27.12.2013 14:00:07

Sehr gut! Sehr sehr gut!

Grissemann
27.12.2013 14:30:40

Der Kuckucksklan. Bin begeistert. Als logo: ein brauner Kuckuck

Schamoni
27.12.2013 14:39:12

Ja, und dieser Kuckuck, der bist du, der verlorene Sohn der Deutschen, in Österreich als Kuckuckskind ausgesetzt und jetzt endlich: Heim im Reich!

Grissemann
27.12.2013 14:43:28

Hm, ja …warum nicht. Ein Kuckuck mit meinem Gesicht. Und mit Trenki-Hut. Ja, so machen wirs.

Schamoni
27.12.2013 15:29:20

Du, übrigens, ganz kleiner Witz, haha, wenn mir der Trenki in der Werbung zu laut wird, dann nehm ich einen Trenki-leiser! Hihi?

Grissemann
27.12.2013 15:30:24

Trenqui-ha! Gut! So heißt er (ER) in Frankreich! Trenqui.

Schamoni
31.12.2013 15:15:32

Hello my freinds, long time no hear, Charly is back! You like???

Grissemann
31.12.2013 15:17:36

no

Schamoni
31.12.2013 16:18:51

Your old good friends Charly! You erember? I have 500 pound of blond häir for you!

Grissemann
31.12.2013 19:03:44

do ju hev mani?? sent nau

Schamoni
31.12.2013 19:36:47

I can fucks you. Have you a fucks?

Grissemann
31.12.2013 19:37:34

facks mi on the tebl

Schamoni
31.12.2013 19:39:17

Sorry, i have hear: You are nazi? Are you leader of a naziparty? I hates nazis.

Grissemann
31.12.2013 19:40:00

i lider of »kuckucks klan«. i am kuckuck

Schamoni
31.12.2013 19:44:11

You Kuckuck? I like much little gay bird!

Grissemann
31.12.2013 19:45:23

ar ju kresi? i no gai! i fucks frauen

Schamoni
01.01.2014 17:42:00

Doktor Klemmgart hat gesagt, ich sei multischizophren. Ich glaube ihm das nicht. Die anderen auch nicht.

Grissemann
01.01.2014 17:44:09

D e r Klemmgart? Was macht denn d e r auf Ibiza? Hat der die Praxis nicht in Schweinfurt?

Schamoni
01.01.2014 17:45:47

Ich glaube, ja. Ich weiß bloß nicht, ob in Schweinfurt 1 oder 2.

Schamoni
01.01.2014 18:25:55

Auf den Ibizas ist er nur als Gäste hier.

Grissemann
01.01.2014 18:27:28

Du bist wirklich krank. Du dumme Säue

Schamoni
01.01.2014 18:30:18

Wen meinst du jetzt?

Schamoni
01.01.2014 18:30:27

Yes, you mean me?

Schamoni
01.01.2014 18:30:30

Oder du mich?

Grissemann
01.01.2014 18:29:36

Euch

Grissemann
06.01.2014 15:45:22

Könntest du mir bitte einen Lammfellmantel kaufen? Mit Außen- und Innentaschen. Danke

Schamoni
06.01.2014 16:47:53

Gerne. Woraus soll er denn sein?

Schamoni
06.01.2014 19:05:46

Hab zwei aus altem Gummi gefunden.
Und einen aus Hund und Ziege.

Grissemann
06.01.2014 19:05:52

Lammmantel-Hund nehm ich. Bitte zahl du alles. Wir können ihn ja gemeinsam verwenden. Ok?

Grissemann
06.01.2014 19:08:00

hat der taschen??????

Grissemann
06.01.2014 19:33:36

halloooo? ich hab was gefragt!! hat der T a s c h e n??????

Schamoni
06.01.2014 20:35:24

Er wird mit zwei Tassen ausgeliefert,
reicht uns das?

Grissemann
06.01.2014 20:58:14

Hm. Ok. Schlag zu.

Schamoni
06.01.2014 21:00:33

Hab ich gemacht. Dem Lieferanten voll in den Bauch gehauen. Der war sehr sauer und hat den Mantel wieder mitgenommen. Was ist jetzt wieder falsch?

Grissemann
10.01.2014 14:07:12

Kennst du dich mit Orkanen aus? Winde, Stürme. Hast du dich damit beschäftigt? Ja oder Nein?

Schamoni
10.01.2014 14:49:41

Ja. Mit Wind. Kann alle Windstärken auswendig!

Grissemann
10.01.2014 14:54:08

Ok. Dann kann ich mit dir arbeiten. Plane was zum Thema Wind und Wetter

Schamoni
10.01.2014 17:20:11

Hier ein paar Windstärken, die ich kenne: 1, 3, 7, 8. Was sagst du, reicht das?

Grissemann
10.01.2014 17:19:12

Es reicht vielleicht nicht, aber es ist eine ganz gute Basis

Grissemann
10.01.2014 17:23:28

Bist du schon mal bei Gegenwind auf der Straße gegangen? Hat es dich gestört?

Grissemann
10.01.2014 17:26:54

Vielleicht wegen Zeitverlust oder Frisurenzerstörung? Bitte, brauche Erfahrungsberichte!

Schamoni
10.01.2014 17:35:51

Nein, noch nie erlebt. Habe immer nur von Wind gehört, auch gelesen. Hoffe, das reicht für den Job!

Grissemann
10.01.2014 17:36:16

Ok. Ok. Aha. Ja, gut. Das ist schon gut. Danke

Grissemann
10.01.2014 17:40:05

Bin fast fertig. Ist ein Chanson und Theaterabend. Heißt »Wind«. Ich danke dir im Begleittext. Ja?

Schamoni
10.01.2014 17:42:34

Das heißt, ich bin draußen? Das wäre eine herbe Enttäuschung für mich!

Grissemann
10.01.2014 17:48:58

Neinnein. Aber Premiere is Morgen im Akademietheater … Wenn ich on tour damit bin, kann ich dich einbauen

Grissemann
10.01.2014 17:50:31

Als »windigen« Manager vielleicht. Ich lass mir was einfallen

Schamoni
10.01.2014 18:35:40

Pah, ich steig aus aus dem Schwachsinnsprojekt »Wind«, wenn ich das schon höre, vollkommen öde, drei Zuschauer in drei Jahren. Führe übrigens Regie in »Der Sturm« von Shakespeare!

Grissemann
10.01.2014 18:37:12

Prospero und Miranda!

Schamoni
10.01.2014 18:39:08

Ohne die, zu öde Figuren, rausgeschmissen!

Grissemann
10.01.2014 18:41:09

Du gefällst mir. Radikal. Kannst du mir – kurz – Geld borgen oder schenken?

Schamoni
10.01.2014 18:42:13

Jaja, Hauptsache, du hältst dein deppert'n Ösi Rand, gell?

Grissemann
10.01.2014 18:42:38

?

Schamoni
10.01.2014 19:04:18

Du, in meiner Position muss i auch mal a bisserl grob sein, du bist ja schließlich nicht der Einzige, der mir schreibt, da san ja noch mehr so ahnungslose liabe Würmerl, gell?

Grissemann
10.01.2014 19:11:30

Bin ernsthaft gekränkt, Roko.

Grissemann
10.01.2014 19:12:38

Kroko Schamoni. Als Krokodil verkleidet. Gute Idee?

Schamoni
10.01.2014 19:14:16

Ja, irgendwie GEIL!!! Lechz!

Schamoni
30.01.2014 23:12:14

Ich bin sehr beliebt und sehr einsam. Alle wollen mich treffen, aber ich komme nie. Sitze allein im Dunkeln und denke. Bin ein sehr purer Mensch. Schön, oder?

Grissemann
31.01.2014 13:16:00

ja

Grissemann
31.01.2014 13:58:40

oder eher doch nicht. no

Schamoni
01.02.2014 12:09:46

Ich mache deine Vexierspiele nicht mehr mit: Fallen, Sackgassen, Täuschungen, und am Ende bin ich immer der Zerstörte. Es reicht!

Grissemann
01.02.2014 12:31:08

Spinnst du komplett. Halt dein Maul und geh wichsen, du tumbes Schwein. Lese grade Diedrichsen. Will nicht gestört werden

Schamoni
01.02.2014 12:44:12

Ich scheine alles falsch zu machen bei meinen kleinen Versuchen, dich zu erheitern. Vergeblich, alles immer nur vergeblich. Ein Syphillos-Dasein …

Grissemann
01.02.2014 12:46:08

Du hast nicht das Zeug dazu, mich zu erheitern. Du bist ein Gaukler für die Dummen und Besoffenen. Ich habe Anspruch. Begreif es, und halt die Goschen

Schamoni
01.02.2014 12:52:24

Grober Mensch …

Grissemann
01.02.2014 12:56:48

Entschuldige bitte. Aber: Alle Großen waren grob

Schamoni
01.02.2014 13:00:18

Und sind doch unterlegen, mein lieber Goliath, denn die Kleinen und Feinen siegen durch Klugheit und Eleganz – dein David

Schamoni
01.02.2014 13:05:35

Mit anderen Worten: Du magst Adolf Hitler sein, ich aber bin Jean Pütz!

Grissemann
01.02.2014 13:05:20

Das ist ein Vergleich, mit dem ich leben kann!

Grissemann
01.02.2014 13:07:28

Du: Mischung aus Pütz und Heinz Rudolf Kunze. Ich: das beste aus Hitler und Till Lindemann

Schamoni
01.02.2014 13:10:19

Ja, das unterschreibe ich so! Schön, dass wir unsere Positionen endgültig festlegen konnten!

Schamoni
01.02.2014 14:53:55

Fühle mich regelrecht »zu Hause« jetzt nach dieser Findung. Können wir damit schon an die Öffentlichkeit gehen? Bin unsicher …

Grissemann
01.02.2014 14:54:53

Möchtest du mich einmal live erleben? Karten dafür kosten ab 25 Euro

Schamoni
01.02.2014 16:43:23

Kein Interesse. Olle Kamellen.

Schamoni
01.02.2014 17:27:39

Oder lutscht du immer noch Burgenländer Bauernschwänze live? Bitte Ehrlichkeit!

Schamoni
05.02.2014 10:46:34

Du, wichtige Frage blieb von dir unbeantwortet: Möchtest du gerne als Pflummibaum Paulchen auftreten? Hätte ein paar Shows für dich!

Grissemann
06.02.2014 14:33:57

Pflummibaum Paulchen … willst du mich wieder der Lächerlichkeit preisgeben? Ich bin Humorkünstler, hochbezahlt und gefeiert. Nix Pflummibaum … Wahnsinn

Schamoni
06.02.2014 14:58:58

Wie wäre es mit Baumo Lutscho?

Grissemann
06.02.2014 15:00:57

Baumo Lutscho schon eher

Grissemann
06.02.2014 22:39:12

kannst du mir geld schicken?

Grissemann
06.02.2014 22:49:44

80000
schnell bitte

Schamoni
06.02.2014 23:20:33

Nein.

Schamoni
07.02.2014 14:01:13

Nein nein nein!!! Merk's dir endlich, absolut nein!

Schamoni
08.02.2014 08:17:07

Mir ist ein Frosch zugesprungen. Mitten im Winter. Ich habe ihm einen Bart gemalt. Er wohnt jetzt bei dem Vogel im Käfig. Dem Vogel habe ich ein Kleid geschneidert. Einfaches Glück.

Grissemann
11.02.2014 11:01:56

Soll ich auch einen Frosch zeichnen? Und dir die Zeichnung schicken?

Schamoni
11.02.2014 15:28:06

Ich bitte darum. Es wäre mir sehr wichtig.

Schamoni
11.02.2014 17:48:59

Na, was ist jetzt? Avanti avanti, hopphopp!

Grissemann
12.02.2014 18:25:20

Was mach ich jetzt mit dem Frosch?

Schamoni
12.02.2014 18:27:39

Bitte Foto machen und herschicken. Jetzt! Tu es! Tu es!!!

Grissemann
12.02.2014 18:29:33

Nein. Die Zeichnung ist mir zu wertvoll dafür. Es ist ein grüner Frosch mit Lachgesicht! Soll ich noch eine Krone dazu zeichnen? JA oder NEIN????!!!

Schamoni
19.02.2014 23:05:57

Weißt du was? Ich scheiß auf den albernen Frosch.

Grissemann
20.02.2014 21:14:50

Die Hunde sind weg

Schamoni
21.02.2014 09:42:49

Welche Hunde? Es geht nicht um irgendwelche scheiß Hunde. Irgendwo sind immer irgendwelche Hunde weg – na und? Es kommen neue Hunde! Und Katzen. Und Menschen. Das ist alles.

Grissemann
21.02.2014 10:06:08

Ernsthaft, meine beiden Hunde Rickieboo und Lollantha sind vorgestern entlaufen … so traurig

Schamoni
21.02.2014 15:15:22

Foto schicken, sonst glaub ich dir nix mehr!

Grissemann
21.02.2014 15:17:36

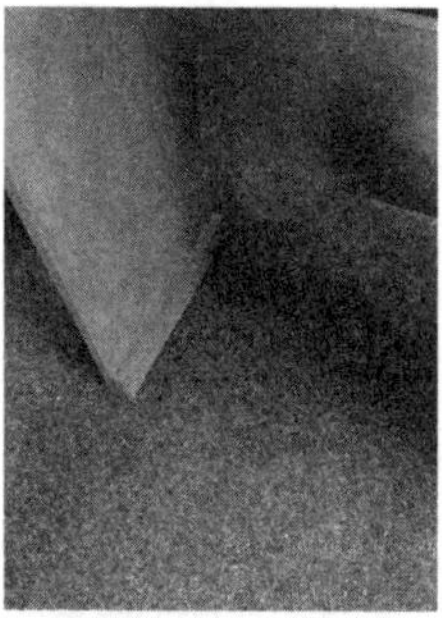

Hier. Oder siehst du da irgendwo die Hunde?

Grissemann
21.02.2014 15:19:44

Auch die Vögel sind weg. Samantha, Sadadakkaka und Habakuk. Meine 3 Steinfalken. Weg

Grissemann
21.02.2014 15:23:42

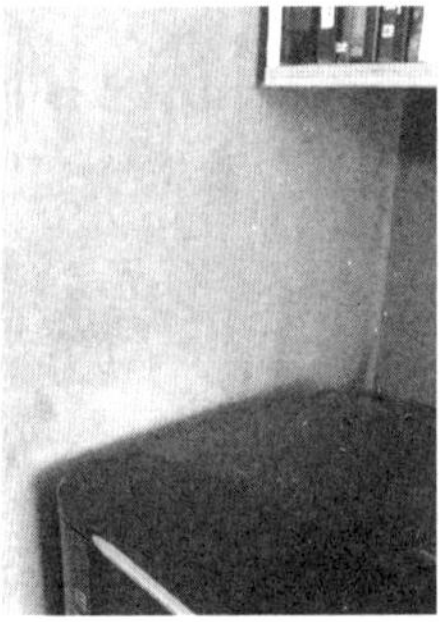

Hier überm Fernseher war der Vogelkäfig. Weg. Beweis genug?

Grissemann
21.02.2014 16:19:28

Ob das Beweis genug ist??????????!!???????????

Schamoni
21.02.2014 16:34:10

Tatsache, ich fass es nicht, einfach weg! Du armer Armer!!! Und wie schäbig deine Wohnung aussieht! Traurig das alles.

Schamoni
23.02.2014 13:44:31

Darf ich von dir als »Hubert« denken?

Grissemann
23.02.2014 18:27:28

Ja. Das ist in Ordnung

Schamoni
23.02.2014 19:14:17

Ja, das ist goldig! Das kleine Hubertel, gell? Mei wie lieb.

Schamoni
23.02.2014 21:35:28

Ich denk mir dich ganz klein und putzig, mit einem Matrosenkleidchen und Maikäferchenflügeln! Und immer am Pfeifen und Tirilieren!

Grissemann
23.02.2014 21:37:13

Grissemann
23.02.2014 21:39:28

Ein neugieriger, intelligenter Mensch.
Das bin ich

Schamoni
23.02.2014 22:06:14

Na, pfui, das gefällt mir ja überhaupt nicht, wie schaut denn das aus, ganz verkrautet und schiach. Nein, das müssen wir ändern, Berti!

Schamoni
23.02.2014 22:07:43

Nein, des mögen wir gar nicht, gell?

Grissemann
24.02.2014 09:37:15

Wieso nicht? Was gefällt dir nicht, du Wicht?

Grissemann
25.02.2014 13:07:14

Kennst du »burger king«?

Schamoni
25.02.2014 20:33:34

Nein. Was soll das sein? Klingt albern. Wahrscheinlich wieder so eine bescheuerte Verarschungsidee von dir …

Grissemann
26.02.2014 07:56:00

Sogenanntes »Schnellrestaurant«. Schnelle Küche zum Mitnehmen. Fleischbrote, Kartoffelvariationen, Kaltgetränke … sehr angenehm dort. Empfehlung!

Schamoni
26.02.2014 09:40:51

Etwa so was wie Mark Donalds?

Grissemann
26.02.2014 16:36:32

was ist das?

Schamoni
26.02.2014 16:42:30

Das ist so ein Typ bei mir aus dem Dorf, der ist klein und hat gelbe Zähne.

Grissemann
26.02.2014 16:51:28

Aha. Ein netter Kerl? Klingt sehr sympathisch, der Herr …

Schamoni
26.02.2014 17:36:39

Nein, der ist der Chef von McDonalds, Ausbeuterschwein! Du bist wirklich sehr ungebildet …

Grissemann
26.02.2014 18:44:32

Groteske Unterstellung. Warum sollte er das sein? Der stellt doch so freundliche Fleischbrote her. Du misstrauisches Stück Scheiße

Grissemann
26.02.2014 18:50:56

Entschuldigung bitte. Beim letzten Satz hab ich nicht »nachgedacht«

Schamoni
28.02.2014 09:35:47

Ulla Berghahn-Bräulich: Im Schmidtwinkel

Schamoni
28.02.2014 09:45:29

Mario Fuhse: Zwei mal zwei gleich fünf (Liebe ist kein Streugut)

Schamoni
28.02.2014 09:51:16

Patricia Pörkelmann: Weiße Tennissocken (Über die männliche Erotik)

Schamoni
28.02.2014 10:03:13

Doktor Klaus Martin Halfpape: Menschen dominieren! (Wie Werbung Jugendliche gefügig macht am Beispiel von »Trenki«)

Schamoni
28.02.2014 10:25:38

Das waren jetzt vier Angebote für neue Projekte für dich: Ist schon was dabei?

Schamoni
28.02.2014 10:45:53

Corinna Vossbeule: Kinder naschen gern, na und?

Schamoni
28.02.2014 10:46:59

Corinna Vossbeule: Naschen lassen (Die neuen Eltern)!

Schamoni
28.02.2014 10:48:49

Corinna Vossbeule: Fotze rasieren leicht gemacht

Schamoni
28.02.2014 10:49:05

Na, schon was dabei?

Grissemann
28.02.2014 10:53:04

Ja. Das mit Fotze

Schamoni
28.02.2014 10:56:53

Fein. Freut mich, dass wir handelseinig sind!! Kampagne startet: jetzt! Bitte anschnallen …

Schamoni
28.02.2014 11:06:22

Na, wie gefällt dir die (Ch)kampagne bis jetzt?

Grissemann
28.02.2014 11:07:56

Eigentlich gut

Schamoni
28.02.2014 11:10:21

Fein! Dann geht's jetzt weiter!

Schamoni
28.02.2014 11:15:28

Hör zu: möchte dich bei Stermann/ Grissemann raushaben, hab jemand anderen für den Posten. Möglich?

Grissemann
28.02.2014 11:16:30

Ja. Möglich. Hab eh keine Lust mehr

Schamoni
28.02.2014 11:20:38

Gut, bitte mach ab jetzt bitte als Corinna Vossbeule weiter, ich kümmer mich um Stermann/ Palminger[30].

Schamoni
28.02.2014 13:12:46

Würde gerne Stermann rausschmeißen und durch Strunk ersetzen. Möglich?

30 Die notorische Unzufriedenheit über den Beziehungsknast mit den jeweils eigenen Berufslebensabschnittspartnern Palminger/Strunk bei Schamoni bzw. Stermann bei Grissemann mündet nicht selten in mehr oder minder subtilen Gehässigkeiten und Desavourierungen.

Grissemann
28.02.2014 13:13:48

Nein. Hat Sprachfehler. Und ist Sexist

Schamoni
28.02.2014 13:18:50

Bitte! Es wär mir sehr wichtig!

Grissemann
28.02.2014 13:19:40

Außerdem an die 60 bereits. Nein, undenkbar

Schamoni
28.02.2014 13:29:27

Aber nur weil Dirk fast 60 ist, einen Sprachfehler hat und Sexist ist, muss er doch nicht in dem Projekt bleiben! Heinz ist dafür dickleibig, sadistisch und egoman. Ist doch auch gut!

Grissemann
28.02.2014 13:52:16

Was hältst du von Werner Herzog? Grissemann/Herzog? Er bietet sich an

Schamoni
28.02.2014 15:37:48

Wenn ich Heinz mit in das Projekt nehmen darf, könnte ich dir Stermann anbieten! Na, was sagst du nun?

Schamoni
28.02.2014 16:07:28

Ich werde Stermann jetzt mit Herzog koppeln, das scheint mir zu passen. Du kriegst Klaus Eberhartinger!

Grissemann
28.02.2014 17:19:12

Hast du für dich schon mal über Claude-Oliver Rudolph nachgedacht?

Schamoni
28.02.2014 17:21:20

Ja, das würde passen, ich mag ihn sehr, er ist stark und verletzlich – so wie ich!

Grissemann
28.02.2014 17:22:57

Oder Ross Antony. Hat Humor

Schamoni
28.02.2014 17:25:36

Yep. Mag sein Lächeln, seinen Charme, auch die Wuschelfrisur! Er und Jelinek, die beiden hätt ich gern.

Grissemann
28.02.2014 17:27:44

Oder Jelinek und Antony. Ohne dich

Schamoni
28.02.2014 17:30:00

Niemals ohne mich! ICH bin der Chef! Schamoni Jelinek Ross Trio heißen wir!

Grissemann
28.02.2014 17:30:52

Oder VHO. Vom hohen Ross

Schamoni
28.02.2014 17:31:56

Jämmerlicher Witz. Typisch Österreicher, noch jämmerlicherer Humor als die Deutschen …

Grissemann
28.02.2014 17:32:00

Saufotz, hirnige. Friss deine Schrumpfeier

Schamoni
28.02.2014 17:37:57

Grobheiten lassen dich auch nicht intelligenter wirken. Im Gegenteil: Sie passen zu dir!

Schamoni
28.02.2014 18:33:01

Deine Einfachheit ist deine größte Stärke!

Grissemann
28.02.2014 18:33:48

Lese grade Arno Schmidt. Bitte einfach Mund halten

Grissemann
28.02.2014 19:59:12

Andre Frage: Malst du Eier an zu Ostern? Ernsthafte Frage

Schamoni
28.02.2014 20:47:01

Ja, DEINE! Hahahahahaha!!!! Schön billig, oder? Der müsste dir wohl sehr gefallen, oder?

Schamoni
02.03.2014 14:05:17

Na, schon wieder am Jammern? Jammern oder pennen, gell? Immer nur Decke übern Kopf, gell? Hallo, wach auf, wir haben Krieg!

Grissemann
02.03.2014 14:06:59

Bitte Ruhe. Lese »Im Weltinnenraum des Kapitals« von Sloterdijk.

Schamoni
02.03.2014 14:07:52

Wach auf!!! Wir haben Krieg mit der Ukraine! Zu den Waffen, Brüder!

Grissemann
02.03.2014 14:17:12

Keine Zeit für diesen Schwachsinn

Schamoni
02.03.2014 15:30:52

Vaterlands- und ehrloses Subjekt!!!

Schamoni
02.03.2014 16:36:58

Du trägst keinen Funken Ehre in dir, du fette Sau. Darf man das so sagen? Ich denke schon.

Schamoni
02.03.2014 17:36:14

Ich möchte mit dir in den Krieg ziehen! Das wär so schön! Nur du und ich, nur für uns beide! Spührst du es nicht auch?

Grissemann
02.03.2014 17:38:24

Spüren ohne h, du nicht zu fassender Einfaltspinsel

Schamoni
02.03.2014 17:41:32

Ich bin vielleicht ungebildet, aber voller Mut und Ehre. Wenn du nicht mitgehst, werde ich eben alleine kämpfen. ICH bin das neue Deutschland!

Grissemann
02.03.2014 17:53:20

Trenki geht mit. Der passt zu dir. Dumm und aggressiv

Schamoni
02.03.2014 18:09:20

Trenki hat keine Ehre! Er ist eine Ausgeburt der Verdummung und Ausbeutung! Er appelliert an das Kleine und Dumpfe in uns. Ich verachte ihn, nein, dich will ich!

Grissemann
02.03.2014 18:10:24

Aber ich habe Trenki nach meinem Abbild erschaffen! Begreife doch …

Schamoni
02.03.2014 18:39:51

Gut, lassen wir diesen ätzenden Trenki die Drecksarbeit machen, wir fahren dann den Sieg ein!

Schamoni
02.03.2014 19:07:18

Wir setzen Trenki auf Janukowytsch an! Bitte schick ihn bewaffnet nach Moskau.

Grissemann
02.03.2014 19:18:40

Wer is denn Jandukowisch?

Schamoni
02.03.2014 19:29:19

Das ehemalige Oberhaupt der Ukraine, Hohlbirne ! Ich werde vorerst Timoschenko die Region führen lassen, wir müssen aber Putin in die Schranken verweisen, der irre Spinner wird schon wieder nervös …

Grissemann
02.03.2014 19:42:08

Ich kenn die alle nicht … Tim Oschteku und Puten … puh, muss mich erst mal erkundigen … wie heißt das Land?

Schamoni
02.03.2014 20:00:53

Ikruane, das ist in Nordwestdänemork, schau ruhig nach …

Schamoni
04.03.2014 09:06:15

Übrigens: Du musst nicht wirklich hinfahren, um nachzuschauen … Puhh, ist das öde, mit dir Politik zu machen …

Grissemann
05.03.2014 20:52:32

Bin in der Ukraine … meld mich nach dem Dinner!

Schamoni
05.03.2014 21:49:51

Nein! Nicht Ukraine! Ikruane, Norddänemork! Du bist im falschen Land, du Irrer! So was Dämliches!

Grissemann
05.03.2014 21:56:47

Habe Abendessen mit dem ukrainischen Ex-Schlagersänger Pluto Pluschenko. Er hat seine Biographie jetzt geschrieben. »Pluto« heißt das üble Machwerk.[31] Wer würde jemals sein Buch nach dem Hund von Goofy nennen? Bin jetzt im Hotel und flieg morgen in die Ikruane! Danke noch mal!

Schamoni
05.03.2014 22:32:32

Aber bitte bedenke bei deinem Flug: Die Ikruane ist mit der Ukraine im Krieg! Und du weißt ja, auf wessen Seite wir stehen!

31 Schamonis Buch »Fünf Löcher im Himmel« trug den Arbeitstitel »Pluto«.

Grissemann
06.03.2014 18:42:24

Ikruane. Bin in der Hauptstadt Gulmo. Was soll ich tun? Stehe vor einem »Adolphe Hitler«-Denkmal

Grissemann
06.03.2014 18:44:20

Hier ist Krieg. Ungemütlich.

Schamoni
06.03.2014 18:57:54

Bitte greife in die Kampfhandlungen ein! Egal auf welcher Seite, dieser Krieg MUSS gewonnen werden, sonst hört der Wahnsinn nie auf! Du hast es in der Hand, ich helf dir von hier aus!

Grissemann
06.03.2014 18:59:28

Gut. Heißt? Soll ich eine Frau erwürgen? Oder ein Kind? Männer geht nicht (bin zu schwach dafür). Keine Uniform. Kein Schutzschild. Keine Waffe

Schamoni
06.03.2014 19:03:15

Du nimmst einfach einen Stuhl und haust ihn ALLEN über den Kopf, denen du begegnest. Du wirst sehen: Das klappt!!

Schamoni
22.03.2014 21:26:33

Möchtest du ein Kind von mir?

Schamoni
23.03.2014 00:54:50

Es wäre durch eine Bauchhöhlenschwangerschaft möglich!!! Habe schon verschiedenen Freunden dazu verholfen!

Schamoni
23.03.2014 10:45:16

Und auch wichtig: Welche Hautfarbe soll dein Kind haben?

Grissemann
23.03.2014 10:44:32

grau

Schamoni
23.03.2014 10:46:55

Ich muss das wissen, weil der Spender ja persönlich bei dir vorbeikommt, um dir das Kind »einzusetzen«!

Grissemann
23.03.2014 10:46:40

Jaja ok. Kann kommen. Bin »bereit«

Schamoni
23.03.2014 16:41:42

Entschuldigung, aber meine Wiener Spender wollen nicht zu dir! Keine Ahnung warum, weißt du was?

Grissemann
23.03.2014 16:42:56

Keine Ahnung … hm … Habe guten Leumund

Schamoni
23.03.2014 17:54:37

Hab jetzt doch noch jemand gefunden. Ein gewisser Siegried Kopfbender meldet sich ab 23 Uhr bei dir. Sei so lieb, bitte gib ihm doch sein Geld gleich mit, ja?

Grissemann
23.03.2014 17:54:52

wie viel?

Schamoni
23.03.2014 18:04:50

Kommt drauf an, wie lang das dauert mit euch. Jetzt hat sich auch noch ein zweiter gemeldet, Bulgare, heißt Piriszwar Uhoffa, schicke ihn auch um 23 Uhr rum, sicher ist sicher …

Grissemann
23.03.2014 18:05:00

Wie lang dauert das? Muss morgen um 9 uhr zum Yoga

Schamoni
23.03.2014 19:33:41

Es dauert bis 9 Uhr. Bist du dir eigentlich sicher, dass du die Pogeburt überstehst?

Grissemann
26.03.2014 20:35:28

Ernsthafte Frage: Kannst du mir 295000 Euro borgen? Ich will mir eine Wohnung kaufen. Wenn du willst, faxe ich dir den Kaufvertrag.

Schamoni
27.03.2014 08:57:23

Dafür müsste ich einen Kredit aufnehmen, ich hab ja nichts. Soll ich das wirklich tun?

Grissemann
27.03.2014 17:12:39

Kannst du nicht was verkaufen? Tisch, Schmuck, Kopfhörer?

Schamoni
27.03.2014 18:23:22

Ja, hab ich jetzt gemacht, hab für Tisch 17, für Schmuck 12 und für Kopfhörer 24 Euro bekommen! Reicht das? Was soll ich jetzt tun?

Grissemann
27.03.2014 18:24:34

Weiteres verkaufen! Goldzahn, Mixer,
Saftpresse, Tischtücher …

Schamoni
27.03.2014 18:25:57

Okay, hab ich, sind noch mal 32,–!!!
Reicht das endlich?

Grissemann
27.03.2014 18:27:28

Schuhe, Autoreifen, Hüte, Gürtel,
Schminkzeug …

Grissemann
27.03.2014 18:28:13

Du trägst Verantwortung!

Grissemann
27.03.2014 18:31:33

Du stellst dir das alles so leicht vor!!!
Du komischer Vogel. Wahnsinn.
Tu was!

Schamoni
27.03.2014 18:33:29

Ich hab 67 Euro für dich! Du gieriges Schwein.

Grissemann
27.03.2014 18:37:07

Ich zeig dich an, du enthirntes Scheusal

Schamoni
27.03.2014 18:39:28

??? 67 Euro!!! Für dich!! Außerdem hab ich noch Magarine für dich und einen grünen Kochhandschuh! Mehr HAB ICH NICHT!!!

Grissemann
27.03.2014 18:42:24

So eine Wohnung ist teuer, das weißt du. Also: wann hab ich das Geld am Tisch?

Schamoni
27.03.2014 19:59:10

Ich hab jetzt 69 Euro am Tisch!! Gut?

Schamoni
27.03.2014 20:02:00

Und zwei Lappen aus Jeansstoff!!

Grissemann
27.03.2014 20:05:36

290000. Minimum. Ende der Diskussion

Schamoni
27.03.2014 20:08:14

Damit bin ich am Ende. Das war's. Wie kann man nur so böse, hart und kalt sein wie du? Ich gehe jetzt ins Wasser …

Grissemann
27.03.2014 20:09:06

Mir tuts genauso weh wie dir

Schamoni
27.03.2014 20:12:54

An alle Menschen und an alle: Ich muss mich heute umbringen. C. Grissemann hat mich in den Tod getrieben. ER ALLEIN ist für diesen schweren Verlust verantwortlich! Eine Bitte, gebt ihm keine Schuld, er kann nichts für seine Art!

Grissemann
27.03.2014 20:13:40

Pathos bringt nichts. Arbeite. Und schicke Geld, Knallcharge

Schamoni
27.03.2014 20:14:30

ENDE[32]

32 Offenkundig gibt es auch tatsächliche Reibereien oder Genervtheiten zwischen den Korrespondenten. Der dem »ENDE«-SMS folgende, über zwei Wochen andauernde Kommunikationsabbruch deutet auf eine kurfristige Abkühlung des intimen Verhältnisses hin.

Grissemann
15.04.2014 01:40:09

Wo bist du? Ich brauche Geld

Schamoni
15.04.2014 09:00:06

Guten Morgen. Wer schreibt mir denn da? Ich habe diese Nummer gerade neu übernommen. Mein Name ist Gisela Berscheidt.

Grissemann
15.04.2014 10:00:00

Mein name ist Herbert Schaden, Energetiker

Grissemann
15.04.2014 15:28:32

Wollen sie mehr über mich erfahren?

Schamoni
15.04.2014 15:46:40

Ich habe diese Nummer anscheinend von einem Selbsttöter übernommen. Sind Sie sicher, dass Sie mich meinen?

Schamoni
15.04.2014 15:51:17

P.S. Ich kenne keinen Herrn Schaden.

Schamoni
16.04.2014 12:02:04

Ich kennen einen Gerd Schadewald, vielleicht meinen Sie den?

Grissemann
16.04.2014 12:02:36

Ja, Gerdchen! Der Gerd! Den mein ich, den Gerd hab ich 84 bei der »Zucker« kennengelernt. Diabetikermesse! Mensch, Gerd

Schamoni
16.04.2014 15:45:19

Ich verstehe Sie nicht. Eben waren Sie noch H. Schaden, jetzt behaupten Sie, G. Schadewald zu sein. Was wollen Sie von mir? Sie machen auf mich einen unseriösen Eindruck. Bitte melden Sie sich nicht mehr.

Grissemann
21.07.2014 18:08:26

Ich komm grad aus dem Keller.

Schamoni
21.07.2014 22:09:38

Wie lange warst du da? Warum lässt du mich ewig warten? Ich versteh das nicht, wir spielen ein Spiel, ich geb mein Bestes, und du lässt mich warten wie eine schrabbelige Sau!

Schamoni
22.07.2014 22:55:50

Schnarch. Langweilig. Hab drei Kröten gefunden. Bringe ihnen so lange hüpfen bei. Diese großen schwarzweißen Kröten mit den Hörnern, weißt du?

Grissemann
22.07.2014 22:58:40

Ich habe in der hinteren linken Ecke 94 Messingtischschaufeln und über 200 Futtertröge gefunden!!! Willst du welche?

Schamoni
23.07.2014 20:25:56

Ja, her damit, ich dreh durch, genau das hab ich gesucht!!

Grissemann
01.08.2014 21:18:20

Brauche Geld. Wann kannst du was schicken?

Schamoni
01.08.2014 21:21:57

Reicht dir Primitivgeld? Habe thailändische Muschelstücke! Da kriegst eine halbe Kokosnuss dafür!

Grissemann
01.08.2014 21:22:40

Ja bitte. Immerhin. Los, schick

Schamoni
01.08.2014 21:24:31

Ich schick dir einen Boten vorbei, netter Typ, Charly, so ein kleiner Thailänder, okay?

Grissemann
01.08.2014 21:24:42

ja

Grissemann
01.08.2014 21:29:04

Adresse: Reinsteckefuchsgasse 77. Läuten bei Dr. Hundsfott

Schamoni
02.08.2014 14:59:24

Charly sagt: dies nix adress gibbs niche! Hast du uns angelogen? Und wenn: warum???

Grissemann
02.08.2014 15:00:48

Warum? Weils Spaß macht, euch reinzulegen, ihr hirnflüchtigen Schlitzaugen! Hahahahahagagahahaha haha

Grissemann
16.08.2014 11:25:17

Bin in portugal verunfallt (Heißluftballon). Brauche dringend 60000 Euro. Danke

Schamoni
16.08.2014 12:48:47

Na endlich. Verrecke in deiner Gletscherspalte!

Grissemann
16.08.2014 12:53:15

Bitte, es ist ernst … kein Jokus … 2 Freunde sind schon tot … bin unter dem Ballon … weiß nicht was tun

Schamoni
16.08.2014 12:54:35

Pass auf, was ist das für ein Luftballon? Fabrikat, Farbe?? Schicke dir exakte Anleitung!

Grissemann
16.08.2014 12:56:14

Fabrikat »Pfannenhart 459 pall.« Blauschwarz. Riesig. Bitte. Luft

Schamoni
16.08.2014 12:59:12

Schicke 2 Luftkammermodelle XS für Jahrmarktsluftballons, Modell Babyballon, okay?

Grissemann
16.08.2014 13:02:28

Ok! Schnell. Danke. Kann kaum atmen

Schamoni
16.08.2014 13:09:41

Alles klar, schicke alles los mit dem Binnendienst Adam Schollie & Söhne!

Schamoni
16.08.2014 13:33:07

Ist Mister Schollie schon da mit seiner Pizza Nizza?

Grissemann
16.08.2014 13:33:20

Warum machst du Witze????
WARUM??

Schamoni
16.08.2014 17:53:18

Ich möchte dich gerne fertigmachen.

Grissemann
16.08.2014 17:53:36

Halt die Schnauze, du unbegabter Trottel. Geistloser Grobian. Dummkopf

Schamoni
16.08.2014 17:55:43

Was?

Grissemann
16.08.2014 17:55:44

Sorry, war für Strunk bestimmt … bitte rette mich!

Schamoni
16.08.2014 18:59:11

Wieso? Ist was passiert? Hast du Probleme?

Schamoni
16.08.2014 19:18:15

Christoph, stell dir mal einen Affen vor!

Schamoni
16.08.2014 19:18:27

Hast du?

Schamoni
16.08.2014 19:18:33

Und?

Schamoni
16.08.2014 19:18:49

Wie ist es?

Grissemann
16.08.2014 19:18:56

Ich kann das gar nicht beschreiben …

Grissemann
16.08.2014 19:18:58

Irre ist das

Schamoni
16.08.2014 19:21:57

Coooool! Es funktioniert! Bei mir ist das auch so! Das ist ja so was von cooool!

Grissemann
16.08.2014 19:22:52

Jaaa! Voll hyperrealistisch! Super Geschrei von Affen und so

Schamoni
16.08.2014 19:23:52

Whoooooo! Wie geil ist das denn???? Ich probiere es auch gleich noch mal!!!

Grissemann
16.08.2014 19:24:12

Man sieht richtig das Gebiss von den Schimpansen, wenn sie A A A schreien!!!

Schamoni
16.08.2014 19:30:08

Nee, ey! Das glaub ich jetzt nicht! Nicht dein Ernst!!! Da geh ich ja voll steil drauf!!! A A A!!! Nur noch geil!!! Endgeil!!!

Schamoni
16.08.2014 21:10:25

He Christoph, ich sag nur A A A! Kicher, smile, hihihi!! ;-)

Grissemann
16.08.2014 21:12:38

Ah! Sorry! Ja, die Affis. A A A !!!!

Schamoni
26.08.2014 18:50:41

Hahahahaha!!!!!!! Abbrüll, schlapplach!!!

Grissemann
26.08.2014 19:01:42

Findest du das wirklich so lustig? Dann kann ichs dir auch als mp3 schicken …

Schamoni
27.08.2014 09:16:31

Nein, nicht als mp3, du Vollidiot!!!
Geschrieben muss es sein, du Trottel!
Merkst du das nicht?

Grissemann
27.08.2014 11:46:55

Wie bitte? Das versteh ich nicht. Tut mir leid

Schamoni
27.08.2014 11:49:07

Oh Mann, du saudämlicher Trottel!
Du sollst A A A schreiben! Kapiert?

Grissemann
27.08.2014 17:04:32

A A A

Schamoni
27.08.2014 17:32:24

Muaaaah ahahahahaha! Kreisch, brüll, ahahahaha!!!!

Schamoni
28.08.2014 19:50:52

???

Grissemann
28.08.2014 19:57:13

A A A

Schamoni
28.08.2014 20:10:04

Uaasrrrrrchhhh ahahahahahahah, krchhhhhihihahahaha!

Schamoni
29.08.2014 13:35:22

Ach, übrigens: A A A ist jetzt out! Denk dir bitte was Neues aus.

Schamoni
30.08.2014 13:21:57

???

Grissemann
30.08.2014 13:24:09

A A A

Schamoni
30.08.2014 13:26:40

Irgendwie öde. Was war denn daran lustig? Versteh ich nicht. Uuu aaa – was soll der Quatsch?

Grissemann
30.08.2014 13:29:04

So machen die Affen! A A A. Weißt du nicht mehr? A A A

Grissemann
30.08.2014 13:41:52

O O O. Fische. Verstehst du? O O O

Schamoni
30.08.2014 13:57:05

Ah ja, lustig, haha!

Grissemann
30.08.2014 13:58:51

Gefällt dir das wirklich? Kann dir die Fischgeräusche auch als mp3 schicken … kannst du dir dann anhören … und vielleicht einen »song« drumherum machen! Fishsong … oder so

Schamoni
30.08.2014 14:12:33

Fische? Sind das nicht diese Stinkviecher, die quer in Brötchen stecken?

Grissemann
30.08.2014 14:16:00

Hast schon »fishsong« komponiert?

Schamoni
30.08.2014 14:42:54

Ja, hier:
O- O- O
Wir Fische müssen nicht aufs Klo
Wir scheißen einfach los
Und trinken dann die Sooß

Grissemann
30.08.2014 15:49:52

Das versteh ich nicht. Welche Sooß?

Schamoni
30.08.2014 16:51:19

Irgendeine bulgarische Sooße, die ein gewisser Herr Pauli in das Becken tröpfelt, mit seiner blauen Pipette, die er Potschka nennt!!!

Grissemann
30.08.2014 17:45:04

Hä? Ist das ein Scherz oder wahr?

Schamoni
30.08.2014 17:46:31

Echt!! So wahr ich hier stehe! Da, schon wieder: tropf, tropf!

Grissemann
30.08.2014 19:29:36

Heißt der Barnabass Pauli? etwa 1.85 groß, Schnurrbart, untersetzt?

Schamoni
30.08.2014 19:42:02

Eher nicht. Er ist klein wie so ein Affi, mit roten Haaren und kleinen Händen, bärtig, Wiener Aussprache, trägt einen Filzhut: einfach ekelhaft!!!

Grissemann
31.08.2014 12:40:43

Ich sehe du kommst als Gast in meine Sendung. Auflage: du singst den Fishsong. Ja?

Schamoni
31.08.2014 14:05:26

Den mit der Sooße?

Grissemann
31.08.2014 14:07:28

Den mit der Sooße singst, du Trottel. Mit Fischbadehose und Riesengräte aufm Kopf. Verstanden?

Grissemann
31.08.2014 15:20:00

Ob du das kapiert hast, du dummer Fatzke????

Schamoni
31.08.2014 15:33:02

Ja, ist recht. Mach ich, logo.

Schamoni
31.08.2014 15:42:03

Fischi Gisch O O O
Geht ihr nie auf Klo?
Ei ei ei
Nein nein nein
Das macht uns nicht froh!
Ja ja ja Fischi Gisch
Ja klar

Schamoni
31.08.2014 15:48:44

Ist's so recht?

Grissemann
31.08.2014 15:49:52

Mit Sooß

Schamoni
31.08.2014 16:03:56

Arroganter Zyniker! Ich schick dir mein neues Lied, und du reagierst wie ein dumpfes Biest.

Grissemann
31.08.2014 16:24:00

Öde Scheiße. Das Sooßenlied!

Schamoni
31.08.2014 16:26:42

Okay:
O- O- O
Wir Fische müssen nicht aufs Klo
Wir scheißen einfach los
Und trinken dann die Sooß

Grissemann
31.08.2014 16:28:16

Ja! Des singst

Schamoni
31.08.2014 16:29:58

Oder:
Fischi Gisch O O O
Geht ihr nie auf Klo?
Ei ei ei
Nein nein nein
Das macht uns nicht froh!
Ja ja ja Fischi Gisch
Ja klar

Grissemann
31.08.2014 16:32:26

nein

Grissemann
31.08.2014 18:31:51

Nein, das mit Klo und Scheißen, du behinderter Vollhonk

Schamoni
31.08.2014 18:34:30

Also das hier:
Fischi Gisch O O O
Geht ihr nie auf Klo?
Ei ei ei
Nein nein nein
Scheißen
Das macht uns nicht froh!
Ja ja ja Fischi Gisch
Ja klar mit Sooße
Okay? Ist ja alles drin!

Grissemann
31.08.2014 18:38:24

Nein. Schlusszeile: »Und trinken dann die Sooß«. Sagenhafter Dummkopf

Schamoni
31.08.2014 18:46:27

Oh Mann, ich weiß echt nicht, welches du meinst. So eines kenn ich gar nicht.

Grissemann
31.08.2014 19:10:24

Du bist soeben wieder ausgeladen worden. Solche Schwachköpfe brauch ich nicht

Schamoni
31.08.2014 19:14:47

Bitte tu mir das nicht an – ich bin doch nur ein Clown, kann man mich wirklich verurteilen? Oder sollte man nicht mal über den tieferen Sinn meiner Worte nachdenken?

Grissemann
31.08.2014 19:14:49

gusch

Schamoni
03.09.2014 14:34:04

Falls du Fragen hast: Ich bin dein persönliches Orakel!

Grissemann
03.09.2014 15:05:04

Wie viele Flaschen Bier kann ein Einjähriger trinken, ohne Schaden davonzutragen?

Schamoni
03.09.2014 15:09:01

Antwort: 12 Flaschen. Aber erst, wenn er volljährig ist. Davor wäre er eventuell minderjährig, und dann wäre es gesetzlich verboten. Bitte überweise für diese Antwort 70 Cent an Orakel Albrecht in Hamburg!

Grissemann
03.09.2014 15:09:32

Ok! Wird gemacht. Danke

Schamoni
03.09.2014 15:18:02

Noja, was heißt jetzt »danke«? – die nächste Frage bitte, ich muss ja auch irgendwie mein Geld verdienen!

Schamoni
03.09.2014 16:34:52

Qur-xKL? Ur ^^¥ a

Schamoni
03.09.2014 16:35:17

Entschuldigung, haben technische Probleme.

Schamoni
03.09.2014 17:41:28

»'M 為什麼lixililili ogl gargl 合?

Schamoni
03.09.2014 17:42:07

Sorry! Dieses scheiß Orakel dreht durch. Entschuldigung!

Grissemann
03.09.2014 20:37:01

Wieviel Kilo Kartoffeln kann man auf einen Einjährigen legen, ohne dass er Schaden davon nimmt?

Grissemann
03.09.2014 20:40:00

Hallo, Orakel Albrecht?

Schamoni
03.09.2014 22:18:40

Uärgx sgga ugha々
*^<nutte 手指！亻

Schamoni
03.09.2014 22:21:04

可以 Dämliche Wiener Drecksnutte
毋寧母親可以！入!!!

Schamoni
03.09.2014 22:24:03

親可以！入Blödes österreichisches pädophiles Arschloch!

Schamoni
03.09.2014 22:24:21

Sorry!!! Komplikationen!!!!

Schamoni
04.09.2014 01:30:27

Verdammt, wir kriegen dieses Orakel-System einfach nicht mehr in den Griff, moderne Großrechner …

Schamoni
04.09.2014 01:33:24

Grissemann: Mieses Drecksschwein!
Grissemann: Mieses Drecksschwein!
Grissemann: Mieses Drecksschwein!
Grissemann: Mieses Drecksschwein!
Grissemann: Mieses Drecksschwein!
Grissemann: Mieses Drecksschwein!

Schamoni
04.09.2014 01:33:51

Es tut mir so leid, sorry!

Grissemann
04.09.2014 03:09:28

Bin etwas verstimmt. Diese Wortwahl … war das wirklich nur ein technischer Fehler …?

Schamoni
04.09.2014 07:44:04

Ich kann nichts dafür! Es ist ein Billigorakel von QVC. Leider kann man es nicht mehr abstellen, so ein Mist aber auch!

Schamoni
04.09.2014 12:29:54

Man kann 700 Gramm geschälte Kartoffeln auf einen Einjährigen legen, ohne dass er Schaden dabei nimmt. Bitte überweise für diese Antwort 6.80 Euro an Orakel Albrecht in Hamburg!

Grissemann
06.09.2014 18:59:08

So viel? 70 c dachte ich

Schamoni
06.09.2014 18:59:56

Nix da, Zaster her oder Sack ab!!!

Grissemann
06.09.2014 18:59:57

?

Schamoni
06.09.2014 19:06:06

Ja nu, so ist das halt. Du bist in eine Falle geraten. Jetzt wird gelatzt! Sonst ist der Sack ab!

Schamoni
06.09.2014 19:20:49

Wo wir grad dabei sind: Könntest du mir ein Foto von deinem Sack schicken? Wir könnten dich dann damit erpressen, um auch an größere Summen zu kommen.

Grissemann
06.09.2014 19:22:38

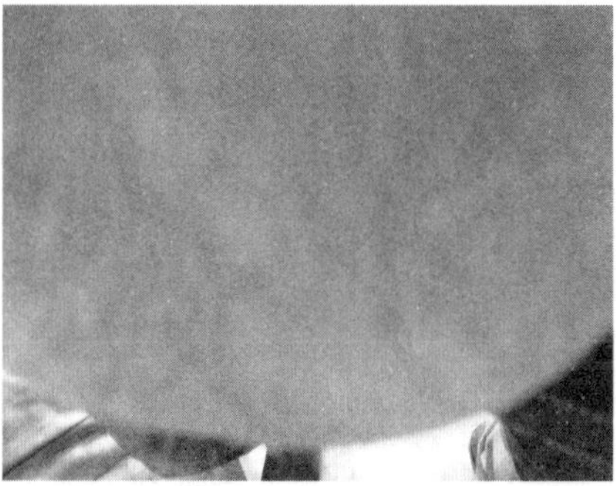

Schamoni
06.09.2014 19:25:04

Ha! Reingefallen! Wir haben ein Foto von deinem Sack! Gegen 20.000 Euro mail ich dir das Original zurück! Für 10.000 Euro gibt's eine Kopie!

Grissemann
06.09.2014 19:29:36

Wie? Kapier ich nicht

Schamoni
06.09.2014 19:36:44

Es ist Erpressung! Du wirst grade erpresst! Mit dem Sackfoto! Kapiert?

Grissemann
06.09.2014 19:36:00

Wieso? Ich habs doch gern geschickt. Versteh nix

Schamoni
06.09.2014 19:42:25

Mann, du dämlicher Schwachkopf, ich hab dich reingelegt, du musst jetzt Angst haben und schnell das Geld zahlen!

Grissemann
06.09.2014 19:42:24

Was für Geld denn? Wofür? Willst du ein Foto vom Arschloch?

Schamoni
06.09.2014 19:45:27

Geld für Erpressung, du blöder Idiot!!! Sonst zeig ich das Foto rum!!! Und – nein – bitte kein weiteres Foto!

Grissemann
06.09.2014 19:47:32

Kannst du gern rumzeigen, ja! Freut mich, dass es dir so gefällt

Schamoni
06.09.2014 20:06:02

Ich geb's auf, vergiss es einfach!!! Ist das trist …

Grissemann
06.09.2014 20:15:52

Willst du noch mehr Fotos? Hast du Geld?

Schamoni
06.09.2014 20:27:05

Bitte keine weiteren Bilder! Was bin ich dir schuldig für das scheiß Foto?

Grissemann
06.09.2014 20:27:12

Hodenfotografien stehen mit 14500 zu Buche

Schamoni
06.09.2014 20:49:37

Sooo teuer? Nein, dann schick ich's zurück!

Schamoni
06.09.2014 20:51:03

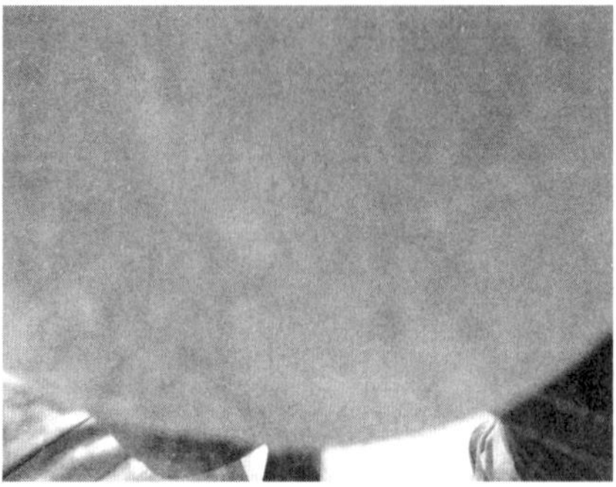

Grissemann
06.09.2014 20:51:52

ok. danke

Grissemann
25.11.2014 17:22:27

Ich habe ein kaum zu fassendes Lebensgeheimnis

Schamoni
25.11.2014 19:36:18

Bitte, schnell, bin geil drauf!

Grissemann
27.11.2014 00:57:42

Ich habe ein schreckliches Geheimnis

Schamoni
27.11.2014 16:11:41

Krass! Das hätte ich nie gedacht!

Grissemann
06.12.2014 18:56:22

Mein Geheimnis hat mit Unschuld zu tun

Schamoni
06.12.2014 19:22:34

Sag schnell: Was????

Grissemann
06.12.2014 19:25:19

Ich kann noch nicht. Bitte versteh

Schamoni
06.12.2014 20:49:16

Mach schon!

Schamoni
06.12.2014 23:54:40

Du bist Bettnässer. Das ist es, gib's zu. Irgendwas Schlappes.

Grissemann
07.12.2014 00:05:35

ich habe die unschuld eines älteren mannes mit füßen getreten

Schamoni
07.12.2014 00:07:18

Wie? Faszinierend!! Wie?

Grissemann
07.12.2014 00:10:01

Hans Axel Neger. 78 Jahre alt. Aus Garmisch Partenkirchen. Er sitzt seit Februar 1992 im Gefängnis. Wegen mir

Schamoni
07.12.2014 00:11:53

Wow, okay, what happened? Klingt krass.

Grissemann
07.12.2014 00:15:38

Hans Axel ist ein ehemaliger Schulfreund meiner Mutter. Ich fuhr zu ihm, Winter 1991. Ich wollte eine geschnitzte Madonna von ihm. Hans Axel ist Kunstschnitzer. Die Madonnenstatue sollte ein Geschenk für meine Grosstante Heidrun sein. Am Abend dieses 12. Dezember 1991 geschah das Unfassbare

Schamoni
07.12.2014 00:17:35

Das ist ja unfassbar! Wie schade, dumm gelaufen, na ja, was soll's.

Schamoni
07.12.2014 00:17:49

Da muss man durch.

Grissemann
07.12.2014 00:18:22

Ja. Bitte geh behutsam mit diesem Geheimnis um

Schamoni
07.12.2014 00:19:58

Jaja, krasse Story, das bleibt wirklich geheim!

Schamoni
08.12.2014 18:34:43

Kurze Frage: Darf ich dich Pümpi oder Kolkpümpi[33] nennen?

Grissemann
08.12.2014 21:32:23

Kolkpümpi. Ich weiß nicht ... Ist das gut? Passt das für mich? Vielleicht Dr. Holger Kolkpümpi

Schamoni
08.12.2014 21:34:38

Nein. Nein! Es MUSS Kolkpümpi sein! Alles andere wäre SCHIERER WAHNSINN!

33 Möglicherweise bezieht sich Schamoni auf die in Österreich weit verbreitete Diminutivmanie, die ihren Ausdruck in einem angehängten »I« findet. Beispiele: Schatzi, Mädi, Bierli, Spatzi (kleiner oder ridikulisierter Penis).

Grissemann
08.12.2014 21:35:42

aha. »kolkpümpi«. so wie »sting«

Schamoni
08.12.2014 21:37:36

Jaja, genau wie Sting, genau, deutsche Version von Sting, genau!

Schamoni
08.12.2014 23:17:26

Kolkpümpi, von seinen Fans »Üpfe« gerufen. Das kommt an, das knallt!

Grissemann
09.12.2014 13:48:10

Wieso hat Üpfe Fans? Ist er musiker? Zauberer?

Schamoni
09.12.2014 14:22:32

Ja, er hat mit seinem besten Freund eine TV Show in Österreich! Mit Hunderten von Zuschauern!

Schamoni
09.12.2014 15:17:37

Die Show heißt »Üpfe und Schmaddel, die Muckzauberer«! Cool, oder? Mit Mucke und Zauberei! Hammer, oder?

Grissemann
10.12.2014 17:43:21

Sei ruhig. Lese Foucault. Brauche Ruhe

Schamoni
10.12.2014 17:45:24

Üpfe und Foucault? Muahuahahaha. Schmaddel vielleicht, aber doch nicht Üpfe …

Grissemann
10.12.2014 17:47:09

Die Vernunft ist eine blutige Macht. Du dummer Hund

Schamoni
10.12.2014 18:58:45

Das stimmt, mein Lieber, wie wahr!

Grissemann
10.12.2014 19:01:53

Halt doch den Mund, du Volltrottel

Schamoni
10.12.2014 19:03:12

Niemals werde ich verstummen, wenn es darum geht, dir recht zu geben!!!

Grissemann
11.12.2014 01:56:15

so. fertig. jetzt lese ich habermas und wünsche nicht gestört zu werden

Schamoni
12.12.2014 19:00:53

Habe überraschend einen sehr hohen Posten in Brüssel in der europ. Landwirtschaftskammer für dich aufgetan, unter dem Titel »Dr. Holger Kolkpümpi«! Interesse? Lohnvorstellungen? Wann könntest du anfangen?

Grissemann
12.12.2014 19:04:13

wo ist brüssel?

Schamoni
12.12.2014 19:05:22

Zwischen München und Augsburg.
Schön da!

Grissemann
14.12.2014 20:38:13

ok. ich machs

Grissemann
14.12.2014 20:38:49

lohnvorstellung: 1200 euro

Grissemann
22.12.2014 18:35:50

bitte gib mir bescheid wegen brüssel

Schamoni
22.12.2014 19:30:54

Es kann tatsächlich morgen losgehen!
Kleine Korrektur: Du musst nach
Masstricht. Man erwartet dich an der
Tiefgarage. Much fun – enjoy!

Grissemann
22.12.2014 20:00:10

Es gibt in Maastricht 86(!) Tiefgaragen!! Welche?

Schamoni
23.12.2014 09:41:20

Entschuldigung, es geht um Masstricht, ein Dorf in Dithmarschen, da gibt es eine Tiefgarage mit 7 Stellplätzen bei Bauer Uwe Groth – und auf die Garage sollst du aufpassen. Für 2 Jahre. Ab heute Mittag, wenn's passt.

Schamoni
23.12.2014 09:58:00

Ja, hopphopp, was jetzt Bürschlein? Auf den Job sind auch drei andere Dorfdeppen scharf! Schaffst du's?

Grissemann
23.12.2014 09:58:20

Ja. Passt. Bin unterwegs. Wie ist Bezahlung?

Schamoni
23.12.2014 10:08:25

Ziemlich gut, 6.500 netto.

Schamoni
23.12.2014 10:08:35

Die Woche …

Grissemann
23.12.2014 10:09:43

Super! Ok!

Schamoni
23.12.2014 10:12:23

Sag, legst du Wert auf Währung?
Nein, oder?

Grissemann
23.12.2014 10:13:22

Nein, danke. Das ist mir eigentlich egal. Super!

Schamoni
23.12.2014 10:15:11

Gut. Der Bauer will dich nämlich in Kuhfladen bezahlen. Aber egal. Herzlichen Glückwunsch zu deinem neuen Lebensweg!!!

Grissemann
23.12.2014 10:16:29

Veräppelt ihr mich …?

Schamoni
23.12.2014 10:17:05

Herzlichen Glückwunsch, so, muss jetzt los, alles Gute, mein Lieber!

Schamoni
23.12.2014 12:11:08

12.10 Uhr, eben ein Anruf von Uwe Groth: Du seist »nicht zum Dienst erschienen!« Bitte tu mir das jetzt nicht an!!! Ich hab meine Hand für dich ins Feuer gelegt!

Schamoni
23.12.2014 13:46:16

13.45 Uhr: fristlose Kündigung – DANKE, Christoph Grissemann!

Grissemann
23.12.2014 14:13:31

Echt? Verdammt. Bin in Ampftwerten … hab mich verfahren … oh, Scheiße!!!! Das gibts doch NICHT ….

Schamoni
23.12.2014 16:19:20

Vielleicht kann ich's noch mal hinbiegen, wann bist du da?

Grissemann
23.12.2014 16:20:25

Irre herum. Bin jetzt vor Gent …

Grissemann
23.12.2014 16:50:32

Kein Sprit mehr. Bin auf Waldweg … fuck

Schamoni
23.12.2014 16:53:16

Verdammt, was kann ich tun? Schick mir deine Koordinaten, dann schick ich dir einen Ambulanzhelikopter, du musst um 17 Uhr den Spätdienst antreten!

Grissemann
23.12.2014 16:56:06

39 grad n, 97 g s. 212 w, 9 o. laut kompass

Grissemann
23.12.2014 16:58:18

Wann? Kalt … brrrrrr

Schamoni
23.12.2014 16:59:38

Der Helikopter müsste jetzt über dir sein. Was zu sehen? Hast du eine Lampe, Feuer?

Grissemann
23.12.2014 17:01:38

Nix. Nix zu sehen. Hab auch noch irren Durchfall …

Schamoni
23.12.2014 17:06:36

Bitte wink ganz doll! Hast du ein oranges T-Shirt mit SpongeBob an? Und gestreifte Glockenjeans?

Schamoni
23.12.2014 17:19:25

Ihhh, nein, das kannst du nicht sein, der ist ja schon ganz verwest. Bäh! Wo bist du???

Grissemann
23.12.2014 17:20:25

Da hinten. Hab mich vollgeschissen

Schamoni
23.12.2014 17:22:34

Ich seh dich, igittigitt, Moment, oh, der Sprit ist alle, wir müssen abdrehen … Sorry!!!!

Grissemann
23.12.2014 17:49:00

Ok. Aber dann sterbe ich

Schamoni
23.12.2014 18:01:54

HILFE, SOS, sind abgestürzt, 4 Tote, 3 Schwerstverletzte, liegen auf der Seite in Tannenschonung, der Wald brennt, Hiiiilfeeee!

Schamoni
23.12.2014 18:09:38

Uarrrrgh AAARChuarhaaa …

Araaaachaaaa

Ua. Aua

aa

Grissemann
23.12.2014 18:31:27

azchloch

Schamoni
23.12.2014 18:32:32

Hä?
Hallo, ich sterbe vielleicht gerade!

Grissemann
23.12.2014 18:32:54

ich auch

Schamoni
23.12.2014 18:33:56

Wenn du frierst, komm zu uns ans Feuer, hier ist's schön warm!

Grissemann
23.12.2014 18:36:21

wo. bin steif

Schamoni
23.12.2014 18:43:32

Folge den Schreien der Verletzten. Siehst du das Feuer nicht?

Grissemann
23.12.2014 18:48:28

bin steif, du arsch. kann nicht moven

Grissemann
23.12.2014 21:56:18

Ein Forstrat hat mich gefunden. Ich bin gerettet. Du miese Sau

Schamoni
24.12.2014 10:43:39

Hihi, war alles nur ein Scherz, sind gar nicht losgeflogen, Matse, der Pilot, hatte Schnupfen, sind dann im Borchers versackt, hahaha. Geht's dir gut? Bussi Baba!

Grissemann
24.12.2014 10:46:10

Ja. Bin bei der belgischen Forstfamilie Schweende untergekommen. Bezaubernde Menschen.
Feier hier Weihnachten und dann per Zug zurück nach Wien. Ich scheiß auf deine Jobangebote. Eh alles nur Scheiße, verhurte

Schamoni
24.12.2014 10:51:25

Ach, die Schweendes! Grüß die Ute ganz herzlich von mir, hat sie immer noch diesen Birnenpo und die Trichterbrüste? Ich könnte dir einen Job bei denen vermitteln!

Grissemann
24.12.2014 11:01:49

Ute hat stark abgenommen (28 kilo, Magenband). Sie sieht gut aus. Und sie hat Herz. Ein großes Herz, wie Geert. Du charakterloses Schwein

Schamoni
24.12.2014 11:54:43

Herz – was is das, eine Krankheit?

Grissemann
24.12.2014 11:57:45

Geert meinte gerade: Scheusal. Er sprach über dich

Grissemann
24.12.2014 12:06:38

Geert ist Forstgemeinderat und hauptberuflich Buchhändler. Ein so gebildeter und emotionaler Mensch. Du Drecksau

Schamoni
24.12.2014 13:06:01

Das wüsst ich aber, wenn ich ne Drecksau wäre. Das kann ich mir echt nicht vorstellen! Ich und ne Drecksau? Wohl kaum …

Grissemann
24.12.2014 14:36:25

Es tut gut, sich mit Kraft und Sicherheit dem Gebet zu widmen. Geert, ich und Ute feiern still und voller Würde. Um 16.39 nehm ich den Zug

Schamoni
24.12.2014 17:01:23

Den Zug wohin? Hast du eigentlich Geheimnisse vor mir? Irgendetwas stimmt doch hier nicht …

Grissemann
24.12.2014 17:19:04

Ich fahre nach Bethlehem

Grissemann
24.12.2014 17:19:35

Und lass mich jetzt bitte in Ruhe

Grissemann
24.12.2014 17:20:22

Es ist nicht Hass. Aber ein verwandtes Gefühl, das ich mit dir verbinde[34]

34 Schöner kann man es schon sagen, aber Grissemann offensichtlich nicht. Mehr an Empathie ist den Korrespondierenden nicht möglich, auch nicht am Heiligen Abend.

Schamoni
29.12.2014 20:21:31

Helo mi good friend, i back again, Charly, you like???

Grissemann
29.12.2014 20:53:18

no

Schamoni
29.12.2014 23:49:46

Yes really? That is good joy for a me masta! You want teeth of old woman?

Grissemann
31.12.2014 14:04:57

Du, kurze Frage vorm Jahreswechsel: Hast du einen frischen Bemstel für mich?

Schamoni
31.12.2014 15:27:24

You mean german idiot or me? We both trader!

Grissemann
31.12.2014 15:34:10

Ob du einen Bemstel für mich hast, du Psycho! Antworte

Grissemann
31.12.2014 15:35:45

Einen Klobemstel

Schamoni
31.12.2014 17:35:09

Heho, habe natürlich Bernstein, ganz frisch, 60, 80, 100 Jahre, alle noch ganz klebrig, welcher soll's sein?

Grissemann
31.12.2014 17:51:49

60 jahre. Plus bitte Geld für Kugeln und Bier

Schamoni
01.01.2015 15:58:28

Oder möchtest du ganz frischen, direkt vom Baum? Der läuft noch!

Schamoni
01.01.2015 15:59:37

Wait. I could offer you for 30 dollar! Plus 3 dead child of horse!

Grissemann
01.01.2015 16:14:32

Schick mir Baum und 3 tote Pferde. Wann hab ichs?

Grissemann
01.01.2015 21:32:17

Und wie viel Geld kannst du mir schicken? Brauchs echt. Danke

Schamoni
02.01.2015 10:23:58

Baum und 3 tote Pferde? Was soll der Schwachsinn? Willst du wirklich einen Baum und 3 tote Pferde von mir? Wofür? Ist wieder eine der bösen Fallen?

Grissemann
07.01.2015 18:25:21

War grad im Keller wieder mal. Ziemlich stickig, hust, hust. Du glaubst nicht, was ich dort unter einer schweren Brokatdecke gefunden habe

Schamoni
07.01.2015 18:56:53

Sag schnell!

Grissemann
07.01.2015 18:59:53

Briefwaagen. Etwa 10000. Irre. Aus Porzellan, Plastik, große, kleine. 4000 etwa aus den 70er, 80er Jahren. Der Rest aus den 90ern. Marken: Puttler, Henselmann, Miele und Stendel. Interesse?

Grissemann
07.01.2015 19:02:08

Geschätzter Gesamtwert: 240000 Euro. Soll ich sie dir schicken? Schickst du mir vorher das Geld?

Schamoni
07.01.2015 19:04:07

Ich muss erst mit der Bank sprechen. Ich finde das sehr teuer. Was macht man denn damit? Ich weiß ja nicht, ist das ein seriöses Geschäft?

Grissemann
07.01.2015 19:06:13

Jaja, klar. Das sind Briefwaagen. Für alle wirst du privat keine Verwendung haben, aber bedenke: Du kannst sie weiterschenken oder was andres machen. Verstehst du? Los! Bitte überweise morgen

Schamoni
07.01.2015 19:11:53

Aber ich krieg gar keine Briefe mehr. Bin sehr einsam. Und warum sollte ich Briefe wiegen, die ich kriege? Nein, Entschuldigung, aber das kommt mir unsinnig vor. Eine würd ich evt. nehmen, für die Fensterbank.

Grissemann
07.01.2015 19:15:20

Pass auf, Kompromiss: du nimmst 6000 für 125000 euro. Aber schnell überweisen, ja? Bitte bestätige!

Schamoni
07.01.2015 19:20:34

Ich nehme eine für 24 Euro, das habe ich als Einzelpreis errechnet. Das Porto geht sicherlich auf euch, ihr seid ja ein großer Versand. Bitte bis zum WE schicken!

Schamoni
07.01.2015 19:23:17

Was führt ihr denn sonst noch für Billigrestposten? Alles 1 Euro Ware?

Grissemann
07.01.2015 19:24:39

Hab nur die Waagen. Hast du überwiesen? (Online-banking)

Schamoni
07.01.2015 19:26:20

Ja, hab 24 Euro überwiesen mit Blitzbanking. Wo bleibt die Waage?

Schamoni
07.01.2015 19:26:35

Willst du mich neppen?

Schamoni
07.01.2015 19:28:10

Du hast 23!!! Euro Gewinn gemacht, du Heuschrecke! Wo bleibt die Waage????

Grissemann
07.01.2015 19:33:52

Kein Kommentar. Arschloch

Schamoni
07.01.2015 19:49:27

Das ist soooo typisch: Kaum hast du das Geld, lässt du die Maske fallen! Du mieses Betrügerschwein! Gib es wenigstens zu!

Grissemann
07.01.2015 20:01:26

warum überweist du die 125000 nicht??????? dann hast du keine probleme!!!!!!!! was is mit dir???????

Schamoni
07.01.2015 23:25:21

Schick erst – zum Beweis – die eine Briefwaage! Ich trau dir nicht über'n Weg!

Grissemann
10.01.2015 20:07:34

Nein, aber ich habe – ohne Scherz – etwa 3000 gut erhaltene Skelette von Jagdhabichten. Grad im Keller gefunden. Willst du, sagen wir 1500?

Schamoni
11.01.2015 16:25:30

Chrischis Resterampe, oder was? Hihi, nee im Ernst, brauch ich nicht, aber ich kenne da jemand, soll ich fragen?

Schamoni
12.01.2015 22:01:15

P.S. Dürfen gute Freunde dich Chrischi-Pischie nennen?

Grissemann
14.01.2015 20:56:24

samstag sehen wir uns, oder? kannst du mir da das geld geben (205000)

Schamoni
15.01.2015 13:49:00

Gut, wie viele von den ausgestopften Adlern bringst du mit?

Grissemann
15.01.2015 13:49:36

Habichte. 2500

Schamoni
17.01.2015 17:32:43

2500 Habichte willst du mitbringen? Was ist das wieder für'n Schwachsinn? Gehst du mit mir später noch schwimmen?

Grissemann
17.01.2015 18:45:55

Ja, ok. Wohin? Zu dir ?

Schamoni
17.01.2015 19:05:20

Nein, natürlich im Freibad oder in der Elbe.

Schamoni
17.01.2015 19:29:23

Bin jetzt im Freibad, liege am Sprungturm. Kommst du noch, hab nur Badehose an, es ist kalt und dunkel hier …

Schamoni
17.01.2015 19:35:09

Gehe jetzt baden, warum kommst du nicht?

Grissemann
22.01.2015 15:13:03

Interesse an Fuchsfallen? Teilweise antik. ca 500

Grissemann
22.01.2015 15:15:56

Schnappen noch gut. Schnell bestellen. Andrang groß

Schamoni
22.01.2015 16:22:08

Brauche 1000. Drunter geht nichts!

Grissemann
22.01.2015 18:18:27

Hab nicht mehr. Dann leck mich

Schamoni
22.01.2015 18:20:25

Hä? Beleidigte Resterampe, oder was? So wirst du deinen Müll nie los. Dämlicher Trottel! Du musst weiter anbieten!

Grissemann
22.01.2015 18:22:40

Sorry. Bitte nicht übel nehmen. Die Nerven. Hätte Drahtgestelle. Über 5000. Ganz normale Drahtgestelle. Kann man aufstellen od was draus basteln (irgendwas). Willst du davon was?

Schamoni
22.01.2015 22:06:06

Puh, kann mich nicht konzentrieren, bin grad voll am Pressen – das wird ein Riesen-Kaventsmann!!!

Grissemann
22.01.2015 22:06:50

Dummkopf

Schamoni
22.01.2015 22:51:58

Boah: 32,6 Zentimeter!! Das ist Europarekord! Bronzebraun, mit Pinselende! Bist du stolz auf mich?

Grissemann
23.01.2015 15:43:25

Ja bitte. Was gibts? Fäkalfragen werden nicht beantwortet

Schamoni
23.01.2015 16:05:31

Wieso Fäkalfragen? Habe einen griechischen Reiterwagen in Bronze gepresst: 32,6 cm, mit Pinselende. Was sagst du???

Grissemann
23.01.2015 20:17:06

Pinselende. Sehr gut

Grissemann
28.01.2015 20:22:47

Mein Kot. Thema für dich?

Schamoni
29.01.2015 09:34:23

Ja, gerne. Kotest du oft?

Grissemann
29.01.2015 09:36:14

bis zu 25 mal täglich

Schamoni
29.01.2015 10:11:18

Ich meine nicht koitieren, ich meine koten!

Grissemann
29.01.2015 10:44:28

kotrekord: 37 (9.4.2007)

Grissemann
29.01.2015 10:58:16

Das war aber eine Verkotung unglücklicher Umstände (Alkohol am Vortag, Darmentzündung, Fressanfälle)

Schamoni
29.01.2015 13:18:28

Respekt! Ist denn jedes Mal eine volle Kotportionierung (Länge min. 4 cm, Dicke min. 3 cm) ausgetreten? Entschuldigung, aber wir nehmen das hier in der Zentrale sehr genau.

Grissemann
29.01.2015 13:51:50

Da fehlt mir die genaue Erinnerung. Aber die Kotung ist von jeher satt und wuchtig bei mir. Griffige Konsistenz, rötlich, geruchlich unauffällig.

Schamoni
29.01.2015 14:01:21

Entschuldigung, aber das ist meinem Team nicht sicher genug! Wir brauchen amtlich notarielle Kotungsbestätigungen, sonst gilt der Rekord nicht.

Schamoni
29.01.2015 14:26:07

Auch ein ärztlicher Verkotungsnachweis würde reichen.

Grissemann
29.01.2015 18:21:21

Ich habe tatsächlich Verkotungstagebücher. Die dürften im Keller sein. Von 1989–2011 hab ich regelmäßig aufgezeichnet. Soll ich suchen gehen?

Schamoni
29.01.2015 19:01:04

Bitte! Könntest du da evtl. auch noch nach saudischen Schlammgeschirren suchen? Brauch dringend 14!

Grissemann
29.01.2015 19:01:53

Ok. Schau mal. Geh jetzt runter. Sehr staubig. Husthust

Grissemann
29.01.2015 22:59:01

Wow. Du ahnst nicht was ich gefunden habe! Alle Verkotungsschriften!

Schamoni
30.01.2015 00:53:54

Bitte eilige Faxmail mit allem! Das ganze Ressort macht Überschicht! Fotos von deinem Kotloch möglich? Wegen Verifizierung …

Schamoni
07.02.2015 10:29:07

Ich versteh das nicht – bist Du noch im Keller, es kommt keine Antwort???

Grissemann
07.02.2015 12:04:12

Bin im Keller, mein Lieber. Unglaublich, was ich gefunden hab. Sags dir, wenn ich wieder oben bin …

Schamoni
08.02.2015 09:35:09

Ich mache übrigens jetzt Ausbildung zum Augenwarzenarzt! Hohe Renditechancen! Hast du Augenwarzen?

Grissemann
08.02.2015 15:24:19

Ja. Bitte hilf mir

Schamoni
09.02.2015 11:09:29

Wo genau sitzen die Warzen: auf/in oder hinter den Augen?

Grissemann
09.02.2015 11:14:17

Hinter den Augen! Weit dahinter. Extremes jucken!!! Ich dreh durch

Schamoni
09.02.2015 12:53:50

Wie schade, ich bin spezialisiert auf Innenaugenwarzen, ich schneid die Augen auf und kipp Warzenpulver rein, das hilft gegen das Jucken. Bei Außenaugenwarzen hilft mein Kollege gern. Soll ich das arrangieren?

Grissemann
09.02.2015 12:54:56

Ja sicher! Wer wann wo???

Schamoni
09.02.2015 13:18:22

Unser Mitarbeiter heißt Herr Stermann, er wird sich bei Ihnen melden. Bitte überweisen Sie jetzt schon das Geld.

Grissemann
09.02.2015 13:38:33

Gut. Habe auch Schmerzen im bereits abgelegten Stuhl. Wer wäre dafür zuständig?

Schamoni
09.02.2015 13:44:09

Außenstuhlschmerzen, also der sog. Phantomstuhl, sind sehr ernst zu nehmen. Ich könnte Sie überweisen an den Experten Professor Doktor Panzi Donald.

Grissemann
09.02.2015 14:45:29

Panzi Donald? Aha. Ist das eine Koryphae?

Schamoni
09.02.2015 15:17:31

Hello Sir, yes i Korypthie! Was is your Problim? I helps you!

Grissemann
09.02.2015 15:18:38

mister donald? hello, i am grissemann, i need help. my stool aches

Schamoni
09.02.2015 16:13:57

Where is stool? In trousers? Is it breathing? You like have heads of young goats seven?

Grissemann
09.02.2015 16:15:06

Forget it. you are not panzi. i know you. you charly! silence

Grissemann
09.02.2015 17:03:40

Panzi Donald. Kein Eintrag im Netz. Arschloch

Schamoni
09.02.2015 17:05:15

No, is me, i life in vietnam, no internet! Trust me, my friend!

Grissemann
09.02.2015 17:06:03

sure?

Grissemann
09.02.2015 17:16:11

my stool is painful. you know?

Schamoni
09.02.2015 18:04:04

Wat se name of the stool? And date of birth of stool please, sir.

Grissemann
09.02.2015 20:29:14

name of stool? what do you mean? no name. birth:
5.2.2015. help fast

Schamoni
09.02.2015 21:57:26

Yes sir. But you dont gife name to anal train?

Grissemann
09.02.2015 23:56:25

good. i call him heinz

Schamoni
10.02.2015 15:50:39

Ha ha, is good! Very silly dump name, ha ha! The name is joke, ha ha!

Schamoni
14.02.2015 11:52:00

Christoph, Entschuldigung, der vollkommen irre Charly ist jetzt beim IS, er hat mein Zweithandy dabei, sorry noch mal!

Grissemann
14.02.2015 11:53:01

Aha. Ihr habt beide die gleiche Nummer, oder wie?

Grissemann
14.02.2015 12:22:25

Antworte, du Bauernschädel, hab meine Zeit nicht gestohlen. Kellerarbeit wartet

Schamoni
14.02.2015 12:25:10

Zweithandy – noch nie gehört? Dumpfe Wiener Amöbe[35], Schwachkopf, jämmerlicher.

Grissemann
14.02.2015 12:45:35

Unglaubliche Entgleisung! Das wird Folgen haben, fertiges Schwein

Schamoni
14.02.2015 12:48:51

Entschuldigung, wirklich, ist mir nur so rausgerutscht, weil man manchmal die Niedrigkeit deiner »Gedanken« (wenn man das so nennen kann) durchaus spürt.

35 Grissemann erinnert in durchschnittlicher Provokationslaune den »Dorfpunk« Schamoni an seine provinzielle Herkunft. Schamoni revanchiert sich mit dem klassischen Vertrottelungsvorwurf an das Österreichische, der inzwischen (s. Thomas Bernhard) zur nationalen Folklore gezählt werden kann.

Grissemann
14.02.2015 12:51:00

Nehme die Entschuldigung an. Bitte pass auf deine Wortwahl auf. Du monströser Kotzkopf

Grissemann
14.02.2015 12:59:46

und was ist »IS«?

Schamoni
14.02.2015 13:09:55

IS=Intersport, österreichischer Sportartikelhersteller

Schamoni
14.02.2015 13:10:52

Hast du nicht mitbekommen, dass die im Burgenland ein »Kalifat« gründen wollen?

Grissemann
14.02.2015 13:13:02

Nee, nix mitbekommen. Sorry. Kalifat, was soll das sein? Ich kenn nur isnogud. Kennst du den? Verpasse mir jetzt erst mal einen nicht allzu harten, aber doch energischen handjob. Dann sehen wir weiter

Schamoni
14.02.2015 13:15:12

Wix auf Peter Hahne, das hat so ein »Flirren«.

Schamoni
14.02.2015 13:26:43

Ich meine für dich als Satiriker und Kabarettisten.

Schamoni
14.02.2015 13:27:08

Auf Prominente wixen – lustig, gell?

Grissemann
14.02.2015 13:27:32

Kenn ich nicht. Peter Hahne. Wer ist das?

Schamoni
14.02.2015 13:28:05

Sportmoderatorin

Grissemann
14.02.2015 13:29:03

OK. Ich stell ihn mir vor. Bin grad dabei. Hab ausgepackt und machs mir im stehen

Schamoni
14.02.2015 13:31:10

Hahne wixt evt. grad auf dich. Ultracool und voll im Trend: Promis wixen auf Promis.

Schamoni
14.02.2015 14:04:27

Günstig! Interesse?

Grissemann
14.02.2015 14:06:29

Ja. Sind das verdrehte Rauspunde?

Schamoni
14.02.2015 14:08:15

Yep. Kenner! Könnte 4 auftreiben für doppelten Preis!

Grissemann
14.02.2015 14:09:00

schick sie mir mal

Schamoni
14.02.2015 14:16:02

Bitte schön!

Schamoni
14.02.2015 14:20:26

Und? Zufrieden? Haben 22 mm trittfest!

Grissemann
14.02.2015 14:22:11

Du, das sind die italienischen »Matadore«. Die doppelt verdrehten. Ohne Schwinge. Ich schick die wieder zurück

Schamoni
14.02.2015 14:25:16

Okay, mail rüber, aber die Originale, ich kenn dich ja, hahaha …

Grissemann
14.02.2015 14:26:03

ich geh jetzt runter. brauchst du noch was?

Grissemann
14.02.2015 14:30:58

Mehrere Fotografien (ca 5000, tw schwarzweiß, tw nachkoloriert) vom Straubinger Rathaus könnt ich dir schon mal anbieten. Sagen wir 40 euro pro fotografie? Ja?
Würde 200000 Euro gesamt machen. Geht das per Blitzüberweisung?

Grissemann
15.02.2015 14:34:31

Was jetzt? Willst du die Fotos vom Straubinger Rathaus? Ja oder nein?

Schamoni
15.02.2015 16:36:52

Sind es digitale Handyfotos?

Grissemann
15.02.2015 16:38:06

Nein. Polaroids. Teilweise kleben sie in Fotoalben

Schamoni
15.02.2015 16:38:52

Dann nicht, ich mag kein Papier!

Schamoni
15.02.2015 16:39:16

Oder könntest du sie mit dem Handy abfotografieren?

Grissemann
15.02.2015 16:40:01

Ich kann dir mal eins zur Ansicht rüberschicken

Grissemann
15.02.2015 16:41:37

Grissemann
15.02.2015 16:38:06

Und?

Schamoni
15.02.2015 16:42:52

Geil, du alte Sau!

Grissemann
15.02.2015 16:43:38

Bitte. Sei seriös. Wie viel willst du davon? 40 Euro pro Bild

Schamoni
15.02.2015 16:44:14

Ich nehm alle. Schick rüber.

Grissemann
15.02.2015 16:45:15

Es sind 5400! Bitte mit Vorkassa

Grissemann
15.02.2015 16:45:43

216000 Euro

Schamoni
15.02.2015 18:38:13

Kann ich das Geld auch smsen? Das würde es einfacher machen!

Grissemann
15.02.2015 18:39:14

Online-Banking. Stell dich nicht so an, du Affe

Schamoni
15.02.2015 18:41:51

Ich biete die Hälfte sofort und per SMS. Alles andere dauert!

Grissemann
15.02.2015 18:44:19

ÜBERWEISE

Schamoni
15.02.2015 18:46:27

Okay, hier: 96.000 Euro (gesetzl. beglaub. Zahlungsmeth. BRD)

Grissemann
15.02.2015 18:47:03

ZUWENIG

Schamoni
15.02.2015 18:47:36

Plus 9000 Euro

Grissemann
15.02.2015 18:48:52

Du, entschuldige, ich bin stinksauer auf dich … ich geh in den Keller … muss mich ablenken

Schamoni
15.02.2015 18:56:35

Ich hab dir die Hälfte gezahlt, wie versprochen, was soll der Scheiß?? Los, schick die Fotos, du mieser Betrüger!!!

Schamoni
15.02.2015 21:01:21

Los!!!!!!

Grissemann
17.02.2015 09:21:26

Kein Geld gekommen. Nichts. Willst du mich verarschen?

Schamoni
17.02.2015 09:38:33

Doch, hatte ich doch oben schon gesmst! Müsste alles da sein! Also per SMS-Überweisung mein ich …

Schamoni
17.02.2015 13:51:32

Und? Isses da?

Grissemann
17.02.2015 15:44:54

nein

Schamoni
17.02.2015 15:50:02

Doch!! Hier ist die Originalüberweisung: 96.000 Euro (gesetzl. beglaub. Zahlungsmeth. BRD), ich lass mich nicht verarschen!!!

Grissemann
17.02.2015 16:06:03

sind die euro in euro oder in einer anderen währung überwiesen worden?

Schamoni
17.02.2015 16:09:53

In Kartoffeln. Mann, natürlich in Euro, das STEHT DOCH DA!

Grissemann
17.02.2015 16:11:30

Ja, schon. Aber jedes Land hat ja einen anderen Euro, du Depp

Schamoni
17.02.2015 16:12:50

Das sind DMark-Euro. Sieht man doch.

Grissemann
17.02.2015 16:21:32

DMark war doch die Vorgängerwährung, oder?

Schamoni
17.02.2015 16:24:16

JA UND??? Ist das nervig, mit dir Geschäfte zu machen!

Grissemann
17.02.2015 18:43:22

Ich brauch normale Euro, normales Zahlgeld. Nicht Dmarkeuro. Ich will normales ZAHLGELD

Schamoni
17.02.2015 19:22:09

Was ist Zahlgeld? Münzgeld? Gibt's nicht mehr. Gibt nur noch SMS-Geld!

Schamoni
17.02.2015 19:32:36

Hier der Beweis: 50 Cent! Glaubst es JETZT?

Grissemann
17.02.2015 19:56:42

So kommen wir nicht weiter. Ich geh runter

Schamoni
18.02.2015 09:47:59

Wie wäre es, wenn wir tauschen? Nordische Bast und Rahmfittiche gegen irgendeinen Müll aus deinem Keller? Die alte Form des Handels?

Grissemann
18.02.2015 09:48:47

Gute Idee. Was ist das, Fittich?

Schamoni
18.02.2015 12:32:00

So eine Art Flügelschrauben. Im Norden äußerst beliebt, sieht man ständig, nordische Folklore.

Grissemann
18.02.2015 16:27:48

Klingt gut. Hast du Foto von Fittich?

Schamoni
18.02.2015 16:47:41

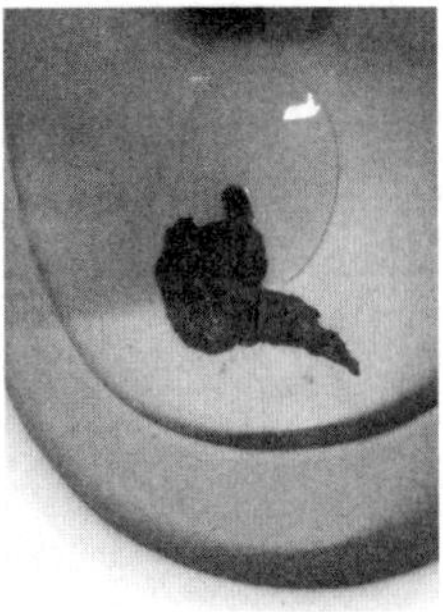

Schamoni
18.02.2015 18:20:32

Ja, hier, ganz neu, hochwertig! Interesse?

Grissemann
18.02.2015 18:21:40

Das is auch ein Fittich?

Schamoni
18.02.2015 18:50:16

Ja, sieht man ja an der Flügelform, kann auch fliegen. Kann man sogar essen, bisschen bitter.

Grissemann
19.02.2015 11:38:28

Wie viel hast du davon?

Schamoni
19.02.2015 12:24:01

Och, kann ich ohne Ende besorgen, ich kenne die Typen, die das herstellen, ganz gut. Wieviel brauchst du denn?

Grissemann
19.02.2015 14:06:30

200 mal, bitte. Sind die dinger schwer herzustellen?

Schamoni
19.02.2015 18:49:10

Ja, leider, ist ne wahnsinnige Tüftelei, vor allem damit die dann genau so aussehen wie normale Scheiße. Da steckt modernste Technik drin!

Grissemann
19.02.2015 18:50:31

Stückpreis?

Grissemann
19.02.2015 18:55:45

Stückpreis? Was kostet das Stück?

Schamoni
19.02.2015 19:06:54

Hm, vielleicht 250 Euro?

Grissemann
19.02.2015 19:07:29

Ok. Ich überlege u rechne mal

Schamoni
19.02.2015 19:08:21

Könnte jeden Tag eines davon nach Wien schicken! Direkt aus unserer kleinen »Werkstatt«.

Grissemann
19.02.2015 20:55:52

Wären 220 pro Stück auch ok? Weil dann würd ich 700 bestellen. 700 Stück

Grissemann
19.02.2015 20:57:01

das wären dann summasummarum 154000 euro

Schamoni
19.02.2015 21:09:08

Puh. So viel? Willst du nicht erst mal eines probieren, ob es dir schmeckt?

Grissemann
26.02.2015 14:45:46

Hab grad ein paar hundert Julofin Hufstäbchen im Keller gefunden. Ca 8 cm lang. Eins zu 58 Euro. Interesse?

Schamoni
26.02.2015 16:24:45

Oh prima! Ja bitte, ich nehm alle blauen und waldgrünen, alle anderen hab ich schon! ;-) hihi, ☺

Grissemann
26.02.2015 16:27:06

4350 euro. wann hab ich das geld?

Schamoni
26.02.2015 20:48:30

Meinst du Kafelgeld oder Mopstaler?

Grissemann
26.02.2015 20:56:19

Kafelgeld

Schamoni
26.02.2015 21:07:34

Kafelgeld ist 1.4 zu 36, oder?

Grissemann
26.02.2015 21:08:14

Mit Nennerbrechung, ja

Schamoni
26.02.2015 21:12:39

Dann kriegst 120 fette Affen,
Glückwunsch, mein Lieber!

Grissemann
26.02.2015 21:13:25

Super. WANN?

Schamoni
26.02.2015 21:24:13

Wann du willst. Frag einfach im
Linzer Zoo nach, da sind die gelagert.
Im AFFENGEHEGE! Hahahaha!

Schamoni
27.02.2015 12:14:28

Aber nimm Bananen mit, sonst lockst
du die blöden Viecher nie in dein
Portemonnaie, HAHAHA!!!![36]

36 Grissemann ist ein Meister der unvermittelten Dialogverweigerung und des garantiert sinnfreien Themenwechsels. Hier vereint er beide Qualitäten.

Grissemann
22.03.2015 07:29:54

Willst du mich umbringen?

Schamoni
22.03.2015 11:22:57

Was kostet das? Methode egal? Hätte Bock.

Grissemann
22.03.2015 11:47:48

Gratis. Egal wie. Echtes Schnäppchen

Schamoni
22.03.2015 14:12:00

Halt! Moment! Willst du mich etwa zum Mord anstiften???

Schamoni
22.03.2015 20:34:59

Dann bin ich draußen, du irre Mördersau! Fast wär ich drauf reingefallen!

Grissemann
22.03.2015 21:39:37

Du Schwein. Hättest mich umgebracht. Im Ernst, das hat mich echt getroffen. Das war ein Test. Ich will bitte nichts mehr von dir hören

Schamoni
22.03.2015 21:53:58

Wieso? Hä? Ich hab doch abgesagt!!! Also, was ist jetzt, steht das Angebot noch?

Schamoni
22.03.2015 22:01:19

Für nen Tausender arrangier ich's. Musst du aber sofort zahlen. Dann lass ich Fette Sau Böckner auf dich los.

Grissemann
22.03.2015 22:06:05

Ich bin so traurig, Tobias

Schamoni
22.03.2015 22:06:41

Was'n jetzt schon wieder los?

Grissemann
22.03.2015 22:07:26

Du hättest mich umgebracht

Schamoni
23.03.2015 12:50:20

Nicht ich persönlich! Herr Böckner Kurt hätt's gemacht. Nicht ich! Also, was ist?

Schamoni
24.03.2015 19:54:53

Und? Böckner is krank, der macht's nicht mehr lang. Ja oder Nein?

Schamoni
24.03.2015 20:05:03

Verdammt, Böckner Kurt ist selber gerade ermordet worden, jetzt stehen wir dumm da!

Schamoni
24.03.2015 20:11:33

Du, News vom Böckner, der war gar kein Mörder, der war Fleurop-Blumenbote, hätt also eh nicht geklappt, du hättest nur Blumen bekommen. Sorry für die Umstände!

Schamoni
24.03.2015 20:20:30

Unglaublich: Böckner ist nicht tot, nur leberkrank, er liefert die Blumen morgen! Ist das geil?

Schamoni
24.03.2015 20:22:43

O Gott! Es hat sich herausgestellt: Böckner ist doch der irre Blumenmörder! Wenn du leben willst – nimm die Blumen nicht an!

Schamoni
24.03.2015 20:23:04

Ich habe dir das Leben gerettet!!!

Grissemann
24.03.2015 20:58:48

Halt einfach dein Maul. Ich lese Proust

Schamoni
24.03.2015 21:05:34

Alles nur für dich! Ideen ohne Ende.
Undankbarer mieser Fernsehclown …

Grissemann
24.03.2015 21:06:34

Kannst du mir Geld schicken?

Schamoni
25.03.2015 20:14:25

Undankbarer Loserclown!

Grissemann
25.03.2015 22:09:21

OB DU MIR 200000 SCHICKEN KANNST??

Schamoni
25.03.2015 22:11:53

Nein – warum auch? Du hohler Schwachkopf.

Grissemann
25.03.2015 22:20:33

Weil du mich umbringen wolltest vielleicht???????

Schamoni
25.03.2015 22:22:48

Du kannst nichts beweisen!
Hahahaha, dir Depp glaubt eh keiner,
hahaha, lalala dummdidumm, lala.

Grissemann
25.03.2015 22:24:10

ich habe ALLE sms!

Schamoni
26.03.2015 09:49:29

Ja, aber ich auch deine erste – da
bietest du das ja an!

Schamoni
26.03.2015 17:20:10

Ich hab dich jetzt angezeigt wegen
Anstiftung zum Mord. Die Polizei hat
mir alles geglaubt!

Grissemann
26.03.2015 20:02:18

Warum bist du derart hinterhältig und
ein so übler Mensch? WARUM?[37]

37 Hier dringt Grissemann energisch zum ethischen Grundproblem dieses interkonfessionellen Dialogs zwischen den Privatreligionen Geld bzw. Gewalt vor. Die Frage bleibt gleichwohl unbeantwortet.

Schamoni
23.04.2015 13:49:53[38]

Entschuldige, dass ich mich einmische, möchte nicht stören, aber wohnt hier ein Matthias Haupendüler?
MfG A. Gremme

Grissemann
23.04.2015 14:02:40

ja

Schamoni
23.04.2015 14:11:38

Oh, schöne Grüße von seinem Tennispartner Sylt 2003. Das is ja witzig.

38 Wir erkennen hier wieder eine mehrwöchige Kommunikationslücke. Sie muss von Grissemann ausgegangen sein, der ernsthaft versucht nicht-zu-kommunizieren.

Schamoni
23.04.2015 14:12:54

P.S. Dann kennen Sie auch Oskar Grimm?

Grissemann
23.04.2015 14:13:32

Herr Haupendüler liegt seit 2004 im Wachkoma. Ich pflege ihn. Lassen sie uns in Ruhe

Schamoni
23.04.2015 14:14:38

Bitte? Ach was. Das stimmt bestimmt nicht.

Grissemann
23.04.2015 14:15:56

Er ist beim Tennis zusammengebrochen. Gerinnsel in der Schädelvene. Lassen sie uns in Ruhe.

Schamoni
24.04.2015 00:08:16

Bitte um Foto von Haupendüler. Andernfalls Polizei! Sie Mörder! Sie Erbschleicher! Ich schicke Norbert Menzel zu Ihnen!

Schamoni
25.04.2015 12:27:10

Norbert Menzel ist auf dem Weg.

Schamoni
25.04.2015 12:52:40

Doktor Norbert Menzel!

Schamoni
25.04.2015 12:55:18

Begleitet von Bergomil Halbschlat, dem Schlächter von Günzing …

Schamoni
25.04.2015 13:36:29

Doktor Bergomil Halbschlat!

Schamoni
25.04.2015 15:30:19

Patrik Priklopil nähert sich mit seinen Mannen von der Coburgbastei, Menzel kommt von der Wipplingerstraße, du bist eingeschlossen!

Grissemann
26.04.2015 23:44:36

Adam Menzel junior? Oder Norbert Menzel? Welcher Menzel?

Grissemann
30.04.2015 23:11:43

Menzel war da

Schamoni
01.05.2015 09:47:47

Ja, und? Details! Priklopil auch? Lass dir doch nicht immer alles aus der Nase ziehen!

Schamoni
01.05.2015 11:22:11

Mit dir smsen heißt, darüber alt zu werden.

Grissemann
01.05.2015 12:05:52

Nur Menzel. Wir haben zu Abend gegessen und Wermuth getrunken. Anfangs sagte er nichts. Doch dann rückte er mit der ganzen Geschichte raus

Schamoni
01.05.2015 12:07:47

Hä? Bitte? Welche fuck Geschichte? Fuck. Ich hab ihn für Taten bezahlt, nicht fürs Labern!

Grissemann
01.05.2015 12:09:16

Menzel hat abgeschlossen damit. Er ist zutiefst traumatisiert. Er liegt grad hier bei mir im Bett. Hab ihm Apfelmus gemacht

Schamoni
01.05.2015 13:59:56

Okay. Könntest du ihm bitte die 30 Euro abnehmen, die er von mir bekommen hat, um dir eine Gehwegplatte ins Gesicht zu schmeißen. Das Geld gehört mir! Ich schenk es dir für die Kugeln.

Grissemann
01.05.2015 14:01:27

Ok, ich danke dir. Dann geh ich jetzt damit zu den Kugeln

Grissemann
01.05.2015 14:24:50

Ich bräuchte noch mehr Geld
für Kugeln

Schamoni
01.05.2015 14:41:43

Menzel hat 2 Hunderter in seinem
Anus versteckt. Greif ruhig zu.

Grissemann
01.05.2015 14:46:38

Nein! Da is nix!!

Schamoni
01.05.2015 15:47:01

Tiefer wühlen, bitte! Das muss da
sein!

Grissemann
01.05.2015 15:48:27

Wo? Bin in ihm!! Bin in Menzel!!!!
Wooo??????

Schamoni
01.05.2015 16:23:30

Mach doch mal Licht an. Neben dem Pankreas müssen die stecken.

Grissemann
01.05.2015 16:34:11

Komm nicht mehr aus Menzel. Hab die Kohle zwar, komm aber nicht mehr raus!!

Schamoni
01.05.2015 16:35:14

Egal, geh doch mit dem ganzen scheiß Menzel um dich rum zu den Kugeln!

Grissemann
01.05.2015 16:36:28

Ja, Versuch is es wert

Schamoni
10.05.2015 19:05:27

Sag, bist du ein Sankt-Pauls-Bananenmongo? Bitte ehrliche Antwort!

Grissemann
10.05.2015 19:29:02

Ich weiss es nicht genau, aber ich glaube ja.

Schamoni
10.05.2015 20:05:13

Gut, ist okay, hab's in die Liste eingetragen.

Grissemann
12.05.2015 00:17:16

Das ist mir wichtig, dass du einträgst. In die Liste.

Schamoni
12.05.2015 18:30:24

Bist du wirklich sicher, das du in die Liste willst?

Grissemann
12.05.2015 18:39:01

Ja. Bitte. Setz mich auf die Liste. Ich mag Listen. Listen heißt ja hören auf englisch. Oder?

Schamoni
12.05.2015 18:41:24

Du magst gerne Listen hören auf Englisch? Check ich nicht. Sowas wie: 1) car 2) shoes 3) flowers 4) church?

Grissemann
12.05.2015 18:42:35

lieblingsvögel? bei mir: 1. eule 2.uhu

Schamoni
12.05.2015 18:44:01

Was heißt das denn auf Deutsch: Eule und Uhu?

Grissemann
12.05.2015 18:51:31

Öl und Uhu (gleiches Wort)

Schamoni
12.05.2015 18:52:48

Hä??? Lieblingsvögel: Öl und Uhu? Ich versteh das nicht!!

Grissemann
12.05.2015 18:56:04

Ölvogel und Uhuvogel. Kennt doch jeder Trottel

Schamoni
12.05.2015 18:57:56

Ah, jaja, cool, auch meine Lieblingsvögel! Wir sind uns ähnlich wie Eier!

Grissemann
12.05.2015 19:00:30

Eier?

Schamoni
12.05.2015 19:01:09

Eier, Vogelkinder – kennst du?

Grissemann
12.05.2015 19:01:24

no

Grissemann
12.05.2015 19:27:35

Grissemann
12.05.2015 19:28:10

Insgesamt 4 Eulen

Grissemann
12.05.2015 19:28:12

Grissemann
12.05.2015 19:28:36

bild1: eine eule
bild2: 3 eulen

Schamoni
12.05.2015 19:31:48

??? Ich kapier das nicht. Sind das eine nicht Fische? Und das andere ist ein Hase? Oder nicht?

Grissemann
12.05.2015 19:32:37

Nein, Eulen. Du Dummkopf. Lass mich jetzt in Ruhe

Grissemann
25.05.2015 12:25:22

Treffe heute Andreas Dorau. Was darf ich ihm von dir ausrichten?

Schamoni
25.05.2015 14:28:47

Do Do Dorau, Ha Ha Hallo!
Hoffe, das freut ihn.

Schamoni
26.05.2015 09:55:19

Und? Wie kam »es« an???
Gespannt …

Grissemann
26.05.2015 09:56:02

Er kennt dich gar nicht, sagt er,
kam also gar nicht an

Schamoni
26.05.2015 09:57:37

Waaaas? Nach all der unglaublichen
Mühe??? Frechheit!

Schamoni
26.05.2015 17:15:08

Könntest du ihm Folgendes
vorschlagen: Doro Doro Dorau –
Huhu Haha Hallollo!

Grissemann
26.05.2015 17:31:45

Noch mal: Er kennt dich nicht.
Palminger kennt er und schätzt er.
Strunk hält er nicht aus, und dich kennt er nicht.
Er hat den Namen Schamoni noch nie gehört

Schamoni
26.05.2015 17:51:53

Ja, aber wie findet er denn meinen coolen Spruch??? Der ist doch wirklich süß, oder? Doro Doro Dorau – Huhu Haha Hallollo!

Grissemann
26.05.2015 17:55:59

Das findet er ganz gut

Schamoni
26.05.2015 18:47:06

Super! Hier noch einer: Hiri Hari Halli, Grüßi auch an Alli!
(oder: an Schmalli) NA??????

Schamoni
26.05.2015 23:20:47

Hab noch viel mehr!!! Z.B.:
Hirzi Hirzi Mirzi, grüssen Sie Frau Schmirzi.
Oder:
Ugghe
Na Herr Uge

Schamoni
26.05.2015 23:20:57

Was dabei?
Für euer Programm!?

Grissemann
27.05.2015 10:02:16

das letzte find ich gut : ugghe na herr uge. Kann ich das haben?

Schamoni
27.05.2015 10:29:50

Ich hatte es eigentlich Christian Wulf versprochen, aber was soll's, kriegt der halt ein anderes – es gehört dir!

SCHLUSSBEMERKUNG DER KORRESPONDIERENDEN

An dieser Stelle bricht der Kontakt durch eine schmerzhafte Wendung des Schicksals unvermittelt ab: Der Piper Verlag meldet ernsthaftes Interesse an der Veröffentlichung unseres Dialoges in Buchform an. Alle weiteren Nachrichten scheinen von nun an sinnlos und überflüssig. Der Eindruck, »alles gesagt zu haben«, verfestigt sich und gräbt vorerst jeden weiteren Sprachfluss ab.

Übrig bleibt nur die gärende Frage: War das jetzt alles zwischen uns, oder ist da noch ein Leben, ist da noch etwas Verdecktes, etwas Tieferes, auf das wir in ruhigen Stunden im Alter zurückgreifen können, wenn die anderen schon alle nicht mehr da sind, können wir dann noch einmal sprechen, vielleicht sogar von Antlitz zu Antlitz?